COMUNICAZIONE PERSUASIVA

Comprendere i principi della persuasione, imparare ad analizzare la psicologia umana tramite le tecniche di pnl e sviluppare una comunicazione efficace

Roberto Moretti

SOMMARIO

INTRODUZIONE

Cosa vuol dire "persuadere" gli altri?

La parola in sé contiene le radici latine di "*per*" o "andare verso", qui interpretabile come "rendere", e di "*suavis*", "soave" o "piacevole". Persuadere, perciò, è l'azione di rendere piacevole qualcosa agli altri.

La persuasione non può ridursi però a un semplice "indorare la pillola" mentre si propone qualcosa di poco piacevole a un malcapitato cliente: essere realmente persuasivi è un'abilità sempre più richiesta nel mondo del lavoro ma che si basa su profonde e solide radici psicologiche. È frustrante constatare che tante figure professionali richiedono ai propri dipendenti uno sforzo innaturale di "essere persuasivi" quando ciò è praticamente impossibile, per il semplice fatto che non si può "essere" qualcosa, piuttosto bisogna "fare qualcosa". Perciò, se stai leggendo queste righe perché senti di mancare in questo tipo di skills sociali, se vuoi migliorare la tua capacità di comunicare o anche se vuoi semplicemente accrescere la tua cultura in campo comunicativo, voglio subito dirti che tutti, indistintamente, possiamo migliorare il nostro modo di proporci agli altri, di interagire, di farci ascoltare e dare argomentazioni valide. Per alcuni sembra una "dote innata", ma è solo il frutto di una fortunata combinazione di attenzioni nel periodo in cui si forma il linguaggio nel fanciullo, di fattori educativi e dell'acquisizione di schemi comportamentali funzionali al diventare "carismatici". Tutti possiamo diventare più carismatici, a qualunque età e in qualunque momento, con il giusto impegno chiunque può migliorare le proprie abilità.

Essere persuasivi è impossibile senza possedere altre qualità importanti nella vita di tutti i giorni così come nei casi straordinari; tali qualità sono empatia, sicurezza di sé, comprensione del contesto, pazienza e resilienza. Vedremo più avanti come esercitarle efficacemente.

La persuasione, in poche parole, è la somma di una serie di qualità che si manifesta esteriormente nella comunicazione ma arriva da un atteggiamento interno. Per persuadere gli altri, dobbiamo anzitutto essere persuasivi a nostra volta.

Probabilmente, se hai preso questo libro, starai pensando a qualche "occasione persa" in cui ti è venuto il dubbio di aver detto o fatto qualcosa di "sbagliato", o ti stai preparando mentalmente ad affrontare una prova (o una serie di prove) in cui dovrai cimentarti al meglio delle tue abilità. Perciò, preparati a pensare che stai per cambiare alcuni aspetti della tua vita e abbi l'incrollabile e totale fiducia nel fatto che stai per diventare più persuasivo.

Storia della persuasione e storie per persuadere

In questo paragrafo vorrei farti capire che c'è un nesso tra l'abilità affabulatoria e la capacità di persuadere gli altri.

Peito, o Pito, era la divinità greca della persuasione e secondo il mito accompagnava la seduzione attraverso altre immagini archetipiche legate a Eros e Afrodite. "Sedurre", secondo molte lingue, non vuol dire solo "ammaliare" a scopi relazionali con malizia e sensualità, ma vuol dire creare un'attenzione viva verso un oggetto o una persona.

Nel pantheon indiano, Annapurna si fece insegnare dal saggio Narada come persuadere gli uomini a farle offerte di cibo da donare a Shiva e dimostrare così il suo amore.

Le epistole della Bibbia servivano a convincere delle popolazioni circa la veridicità e convenienza della nuova fede che si andava professando.

Nel corso della Storia, sono innumerevoli gli stratagemmi e gli artefici retorici che hanno portato alla risoluzione di problematiche grazie alla diplomazia, una delle forme più alte e raffinate di persuasione che si conoscano.

Le storie che i nostri avi ascoltavano li convincevano a prendere posizione morale su certi temi, servivano a muoverli verso atti valorosi a discapito della propria incolumità pur di emulare le gesta di personaggi importanti. Tali personaggi potevano essere inventati di sana pianta, ma ciò non impediva alle persone in carne e ossa di farne proprie le intenzioni eroiche e di volerli emulare.

La Storia ci insegna che tante volte, per arrivare a un risultato, è stato necessario far passare una richiesta non sul dato oggettivo, nudo e crudo, per cui un certo sforzo era giusto o conveniente. I cantastorie di ieri e di oggi hanno confezionato immaginari comuni che arrivassero a smuovere gli indecisi o perfino coloro che si trovavano in posizioni contrarie a quelle proposte, affascinando con meccanismi narrativi e seducendo con il potere fantasioso dei racconti.

Così come testimoniano alcune pellicole, anche in epoche più recenti le storie sono servite a persuadere su larga scala le persone: durante la Seconda Guerra Mondiale, gli Stati

Uniti si avvalsero della consulenza di Walt Disney per la creazione di cartoni animati di propaganda con cui vendere dei titoli di stato d'emergenza, coinvolgere volontari e rompere gli indugi dei paesi neutrali al conflitto: il risultato, fu un esilarante cartone con protagonista Donald Duck, "Paperino". A ben vedere, ogni popolo ha avuto bisogno di una forma di persuasione per scendere in guerra contro dei nemici, e sarebbe difficile far rischiare la vita di milioni di persone se non gli si facesse credere che possa esistere un "buon motivo" per farla.

Nel film "No - I giorni dell'arcobaleno" si racconta la storia del pubblicitario Eugenio Garcia che realizzò la campagna "Chile – L'Alegria ya vien", con cui promuovere il referendum per la fine della dittatura cilena; tale campagna fu bocciata inizialmente dai membri delle opposizioni, in quanto "sembrava una pubblicità della Coca Cola" ma che alla fine ottenne il suo risultato sperato grazie a un buon "storytelling".

La pubblicità, d'altro canto, ci "seduce" a comprare oggetti, per esempio, raccontando una storia e mettendo in campo una comunicazione in cui rendere facilmente riconoscibile quell'oggetto o servizio tramite il logo e il nome dell'azienda (branding).

Allo stesso modo, siamo "sedotti" a pensare che un certo rappresentante politico parli in nostra vece, che quel negozio sia migliore della sua concorrenza (anche se, magari, vende gli stessi prodotti a prezzi pressoché identici al suo vicino) o che una persona possa essere colpevole o innocente del reato di cui è accusato dal modo in cui rappresenta la sua posizione.

La retorica di Aristotele e la persuasione

Oltre alle rappresentazioni mitologiche e religiose e agli atti di propaganda politica, troviamo ampio uso di artifici retorici nella filosofia. Tale disciplina viene troppo spesso accusata di essere uno studio per "amabili chiacchiere da salotto" che non avrebbero alcuna utilità nel mondo reale. In realtà il progresso mentale dell'umanità è stato accompagnato dalle grandi intuizioni dei filosofi e tutto quello che l'uomo ha conquistato negli ultimi millenni lo deve proprio al fatto che ci sono stati uomini capaci di superare il velo illusorio del loro presente per andare "oltre", aumentando di volta in volta la qualità della nostra vita e pretendendo che la società progredisse per raggiungere il proprio pieno potenziale.

Aristotele, grande filosofo, matematico e scienziato vissuto nel 300 a.C. e considerato una delle menti più brillanti che ha contribuito a creare le basi del pensiero occidentale stesso, ha dedicato alla retorica una delle sue opere più importanti, da cui possiamo trarre delle lezioni ancora oggi validissime per la nostra intenzione di migliorare la comunicazione persuasiva.

Il grande pensatore aveva trovato il modo di elencare con grande eloquenza i punti principali da tenere a mente se ci si vuole cimentare in un discorso e sostenere con successo la propria posizione. Vediamo nel dettaglio quali sono i punti salienti della retorica e come affrontare l'oratore, il pubblico e il messaggio.

La retorica di Aristotele, libro primo: l'oratore

La prima parte dell'Arte della Retorica del filosofo greco è dedicata a colui che si prende carico di trasmettere un messaggio. Qui, Aristotele inizia fornendo una possibile definizione di retorica: **l'abilità di scoprire quali mezzi di persuasione riguardanti ciascun oggetto.** A differenza del collega Platone, Aristotele indica come oggetto d'indagine della retorica non la verità, ma la verosimiglianza, la possibilità di un dato oggetto di essere. È essenziale quindi il sillogismo retorico da lui proposto detto **"entimema"**, in cui un'argomentazione non viene proposta come "certa" ma come "possibile": questo primo strumento è essenziale per poter confutare tesi e, come diremmo oggi, per poter introdurre in maniera *soft* il nostro assunto.

L'oratore può avvalersi di argomentazioni non tecniche, fornite da contesto e da documentazioni preesistenti, o di argomentazioni tecniche, divisibili in tre categorie:

1) argomentazioni che persuadono attraverso il carattere dell'oratore, con cui quest'ultimo mostra sicurezza nella sua esposizione accompagnando le sue parole con la sua presenza;

2) argomentazioni che persuadono predisponendo il pubblico, in cui l'oratore monitora la reazione emotiva di chi lo sta ascoltando;

3) Argomentazioni che persuadono con il discorso, in cui a prevalere sono la logica e la veridicità dell'assunto.

Per terminare il primo libro della sua opera, Aristotele propone tre tipi di discorso, in cui in tutti però è necessaria la conoscenza e la capacità di uso di prove, probabilità e segni, artifici linguistici e tipi di argomentazioni come quelle esposte prima.

1) Nel "discorso deliberativo" si possono trovare esortazioni o dissuasioni, sotto forma di consigli, rimproveri o leggi da applicare nel futuro.

2) Il "discorso epidittico" mira a lodare o biasimare qualcuno per ciò che sta accadendo in quel momento e userà il tempo verbale presente.

3) Il "discorso giudiziario" verte a indagare cause, moventi e conseguenze di un'azione del passato al fine di giudicarne gli effetti e le soluzioni.

La retorica di Aristotele, libro secondo: il pubblico

Le **emozioni** giocano un ruolo importantissimo nella retorica perché sono quelle che portano alla persuasione il pubblico. Se in un discorso deliberativo è importante l'emozione espressa e dimostrata dall'oratore, nel discorso giudiziario si dovrà tenere conto dei sentimenti degli ascoltatori. La platea può essere condotta a provare una serie di sensazioni, elencate puntualmente dal filosofo come rabbia e calma, amicizia e inimicizia, paura, vergogna, gentilezza e rudezza, pietà e disgusto, invidia e ammirazione, e che oscillano tra due poli opposti che sono il **piacere** e il **dolore**. Per meglio comprendere come si muovono tali emozioni, Aristotele fa presente che il pubblico può essere diviso in diversi caratteri in cui alcuni fattori giocano un ruolo fondamentale nell'attribuzione dell'emozione che si vuole suscitare.

Gli auditori possono essere giovani, adulti e vecchi, per cui un giovane passionale può essere più propenso a dare fiducia là dove un anziano inacidito dal tempo e dai ricordi può essere restio a concedere il beneficio del dubbio; a loro volta, ciascuna categoria è divisibile in nobili, ricchi e potenti, per cui la condizione economica e l'estrazione sociale influenzano il giudizio.

Arriviamo finalmente al cuore delle argomentazioni aristoteliche: esempio ed entimema.

L'**esempio**, purché resti ancorato all'oggetto del discorso, può essere vero (tratto da un evento accaduto) o falso (come una fiaba).

L'esempio può essere un buono modo di inserire una premessa a un **entimema**, che abbiamo già descritto prima, andando quindi a instillare un dubbio nella platea conducendolo a un **ragionamento logico** e concludendo con un **motto**, un'affermazione di carattere universale che rimarrà impresso come un sigillo nel pubblico.

La retorica di Aristotele, libro terzo: il messaggio

A questo punto, Aristotele ci spiega l'importanza del **messaggio**, di come debba essere costruito, confezionato e consegnato a chi ci ascolta.

Lo stile in cui ci esprimiamo può prendere in prestito **artifici poetici**, può fare variazioni di prosa, usare metafore, ma tutto andrebbe calibrato a seconda del pubblico, la costante molto importante è che si debba seguire un ritmo per tenere alta l'attenzione, come se si stesse recitando (Aristotele propone proprio di impratichirsi anche in quest'arte); il fine ultimo è quello di far provare piacere all'uditorio, ed è per questo che associa la retorica alla poetica. A ben pensarci, anche oggi siamo sempre meglio disposti ad ascoltare qualcuno che espone in modo musicale il suo tema, senza quasi accorgerci del passare del tempo.

Per concludere, il filosofo greco propone un riepilogo funzionale in forma di parti del discorso:

1) Esordio. Incipit del discorso, in cui spiegare di cosa si sta per parlare;
2) Narrazione. L'esposizione del discorso, breve ma che entra nel vivo e spiega il cuore della discussione in atto;
3) Dimostrazione. L'elenco delle prove a

carico della propria tesi o dell'antitesi della tesi altrui da confutare;

4) Epilogo. È qui si dovrebbe calcare di più sull'emozione da lasciare al pubblico

Retorica: "astuzia" al servizio di un bene

Non è un caso se ho voluto prendere ad esempio Aristotele, e l'ho fatto per due motivi che ritengo molto validi:

1) 2300 anni fa gli uomini avevano le stesse necessità di comunicazione e reagivano facendosi persuadere con artifici retorici. È sbalorditivo pensare a quanto siano ancora attuali le parole di Aristotele e di come la sua Arte della Retorica sia ancora oggi un manuale squisitamente utile e ancora valido nonostante i ventitré secoli di distanza tra noi e il filosofo;

2) La retorica non è l'arte di "fregare" la gente, non è l'artificio dei lobbisti che consegnano la politica e la cultura nelle mani di chi fa profitto privato, ma è uno strumento a disposizione di tutti e che in passato ha permesso in tante occasioni di rendere giustizia, di far progredire scienza e conoscenza.

Essere "furbi" non basta e, alla lunga, pensare solo a quello che conviene a te a discapito degli altri, non conviene.

Oratori del foro romano e le loro lezioni di persuasione

A tal proposito, sempre prendendo a prestito le parole di autori classici, ci spostiamo a Roma dove Marco Tullio Cicerone nel suo *"De Oratore"*, in cui si può desumere che un buon discorso può essere preparato a tavolino o portato avanti con l'improvvisazione, ma si rende comunque necessaria una buona preparazione a livello culturale. L'oratore può costruire il suo intervento con *"inventio, dispositio et memoria"*, rispettivamente, l'elenco degli argomenti, la loro disposizione nel discorso e l'uso di artifici metaforici; chi invece vuole andare a braccio, deve considerare l'idea di non usare parole complicate, limitare le argomentazioni filosofiche, essere conciso e diretto e far fede a uno scheletro a cui tenere fede all'elocutio, gli argomenti in discussione, e l'actio, la loro declamazione.

Di diverso avviso l'autore latino Quintiliano, il quale nel tredicesimo libro del *"Institutio Oratoria"*, prende in esame la tesi proprio di Cicerone, *"vir bonus dicendi peritus"*, ovvero "l'uomo di valore è un abile oratore" ma pone ancora di più l'accento sul contenuto morale della persona che deve parlare, piuttosto che sugli artifici retorici in suo possesso. L'autore intendeva ricondurre la necessità di riportare la cultura al servizio dei valori morali, ma per quanto ci riguarda, possiamo interpretare tale esortazione ad essere effettivamente inattaccabili dal punto di vista etico agli occhi di chi dobbiamo persuadere. Farò un esempio estremamente pratico e poco filosofico: tempo fa un mio amico si decise a rimettersi in forma dopo aver avuto alcuni problemi di salute che, costringendolo all'immobilità, gli avevano fatto acquistare un discreto numero di chili in eccesso. Preoccupato per la sua salute più che per il suo aspetto, l'amico in questione cercava metodi efficaci per perdere peso e mi raccontò che più cercava, più riceveva consigli… da chi però aveva più bisogno di lui di una dieta e di un programma di esercizi mirati. Quando lo rividi dopo quasi un anno mi congratulai per i suoi risultati. "Come hai fatto?" gli chiesi. "Semplice, ho smesso di ascoltare i consigli di chi vorrebbe perdere peso e ho iniziato a seguire quelli di chi ci era effettivamente riuscito." Analogamente agli esperti contattati dal mio amico, il buon oratore di Quintiliano deve essere l'esempio vivente dei valori che vuole promuovere. Un fumatore incallito potrebbe conoscere venti sistemi per smettere di fumare, ma sarebbe un pessimo sponsor per tutti e venti; allo stesso modo, le persone che hanno problemi di sicurezza, che vogliono superare dei traumi o che hanno difficoltà relazionali sanno sempre consigliare metodi efficaci per smettere di soffrire delle condizioni che li attanagliano. Attenzione, perché qui entra in gioco un meccanismo commerciale, fiutato da personaggi poco onesti, che vivono sulle spalle di chi soffre proponendo delle "finte" lezioni di vita spesso caotiche e approssimative; è un tipo di business contrario proprio all'etica Quintiliana: la differenza tra persuadere e ingannare sta nel fatto che chi persuade lo fa perché ha intenzioni oneste e crede in quello che dice, chi inganna nasconde le proprie intenzioni e probabilmente sa che le sue parole sono vuote. Non vale neanche pensare a un "inganno a fin di bene", come il proverbiale fine che ne giustificherebbe i mezzi di machiavelliana memoria, perché una volta scoperto il trucco (e prima o poi la verità viene sempre a galla) ogni possibile effetto positivo si perderà, qui compresa anche la fiducia faticosamente raccolta.

Dagli autori latini qui esaminati possiamo dedurre che l'oggetto di una comunicazione di successo non può essere il semplice atto di "convincere" l'ascoltatore, così come senza la ricerca della verità e dell'onestà non si può essere buoni oratori, e di conseguenza non si potrà persuadere le persone, soprattutto al fine di creare un rapporto solido e duraturo.

Esercizio "aristotelico", "ciceroniano" e "Quintiliano"

Ora prova a prendere carta e penna, elenca le parti del discorso che vorresti pronunciare ed esercitati come ci ha insegnato il filosofo. Sii breve, massimo un minuto, e comincia ad allenare la tua mente a portare la tua orazione in punti semplici che partano da un esempio, sviscerino un "dubbio", elencando i capisaldi della tua tesi e finendo con un'affermazione categorica come un modo di dire, un motto o un proverbio (o una frase di tua invenzione che lasci il sapore di un detto proverbiale); l'importante è che tu rimanga concentrato su quell'oggetto di discussione, senza divagare.
Prova poi a usare i due metodi proposti da Cicerone, ovvero andare a braccio a partire da un tema, usando meno parole possibile, o struttura invece un'argomentazione con un elenco, studia la loro collocazione ideale e concludi con una metafora. Infine, andando a utilizzare la morale di Quintiliano, prova a imprimere la tua convinzione profonda partendo da una tua virtù. "Sapete tutti che io sono molto attento a

questo tema" potrebbe essere un buon incipit con cui creare un punto fermo del discorso e accattivarvi la simpatia di un eventuale pubblico, o come avrebbe detto Cicerone, usando la *"captatio benevolentiae"*.

Quando serve la persuasione

Persuadere gli altri non è una strana magia con cui convincerli a fare quello che vogliamo, né un campo puramente teorico di dissertazione per chiacchiere da salotto conditi da numerosi aneddoti storici e filosofici. In realtà, saper dare un punto di vista interessante e fare breccia nell'attenzione dell'interlocutore può essere essenziale per diversi tipi di lavoro, dal marketing alle professioni sanitarie, e per motivi educativi come nell'insegnamento o nelle relazioni familiari come quella genitore-figlio. Convincere gli altri è un atto che richiede non solo autorevolezza e sicurezza, ma anche compartecipazione dei processi psichici-emotivi dell'interlocutore.

Quello di cui dobbiamo essere coscienti è che, al pari di un superpotere, la persuasione serve a metterci in una posizione in cui siamo responsabili di quello che proponiamo. Se io ti persuado a comprare una macchina, è naturale che la persona che esegue l'acquisto veda in me un responsabile di tale transizione, perciò più io sono sicuro della validità di tale azione

più potrò essere persuasivo, perché so che altrimenti qualcuno me ne verrà a chiedere conto. Se non posso essere altrettanto sicuro, non ho l'occasione di persuadere (a meno di non voler ingannare, cosa che porterebbe prima o poi a conseguenze dannose).
La prima cosa che ti devi chiedere, quindi, è "perché voglio persuadere questa persona"?
Per finire questa introduzione, ti propongo un esercizio: pensa a un momento in cui volevi persuadere qualcuno e non ci sei riuscito o a una discussione in cui temi di non riuscire a fare breccia nella diffidenza dell'altro e chiediti:

a parti invertite, sarei stato persuaso?

E se no, come avresti potuto migliorare quell'interazione?

PARTE I

"Avere ragione" o "essere ragionevoli"

C'è un film chiamato "Thank you for smoking" in cui un lobbista delle aziende produttrici di sigarette spiega a suo figlio come avere ragione.

In un finto dibattito sul miglior gelato proposto dall'uomo, il figlio difende la posizione del gusto al cioccolato come miglior tipo di gelato, mentre il padre quello alla vaniglia. In sintesi, il padre gli dice "Tu pensi che il cioccolato sia il gusto migliore del mondo, ma non potrai mai convincermi del contrario. Ma a me in realtà non sta a cuore la vaniglia, che è il mio gusto preferito, per me è importante la libertà di poter scegliere tra cioccolato e vaniglia e mi batto per questa libertà." "Ma non stavamo parlando di questo!" "Io sì, e così ho ragione. E se ho ragione, tu hai torto".

Questo è un ottimo esempio di persona che vuole solo avere ragione. Può non sembrare serio, ma se questo tipo di discorso pieno zeppo di infantilismo viene elevato ad argomentazione per discussioni di carattere legale o politico, abbiamo molto più chiaro come alcuni personaggi assolutamente incapaci, siano arrivati a ruoli di potere considerevoli. Non hanno mai affrontato apertamente i problemi che riguardavano loro le loro amministrazioni in esame, hanno solo elencato con un artificio retorico cose che non erano alla base della discussione, spostando il focus e portando l'attenzione su un campo in cui uscire indiscutibilmente vincenti. Basta non essere ragionevoli ma pretendere solo di avere ragione.

Nelle relazioni, questo tipo di pretesa è deleteria. Un mio amico aveva una ragazza talmente gelosa da immaginarsi situazioni inesistenti e chiedeva al ragazzo "cosa sarebbe accaduto se…" ed elencava situazioni inverosimili di possibile promiscuità con il mio amico come colpevole. Questo tipo di processo non ammetteva repliche perché, alle antitesi proposte, quali "non esiste neanche il caso" o "non ti tradirei", la ragazza spostava il focus su altre presunte mancanze o difetti del malcapitato. "Se avevo ragione su quel trasloco allora ho ragione anche su questo!", e anche senza una vera correlazione logica, con un triplo salto carpiato della frittata, dava l'impressione di essere vittima di un complotto.

Si può vincere una simile resistenza solo se si riesce a ragionare sull'oggetto del dibattito onestamente. Non si può ragionare con chi non ne ha intenzione, purtroppo, ma soprattutto, ti esorto a **non essere mai tu questo tipo di persona**. Già secondo Aristotele le emozioni del tuo interlocutore sono alla base del successo in un dibattito, cosa credi che succederà sul lungo periodo quando chi ti conosce sa che non sei ragionevole se vuoi solo "avere ragione" a tutti i costi? Oggi le emozioni sono ancora più importanti, sia in campo di vendite e marketing che nella gestione delle relazioni interpersonali. Questo perché, come spiegava il sociologo Ortega y Gasset, più o meno un secolo fa, la società ha scoperto l'individuo e l'individualismo, per cui le emozioni personali sono diventate spesso più importanti di quelle collettive. Il modo più facile di rompere una relazione è insinuare che si abbia sempre ragione anche quando non se ne ha per niente; il modo più semplice di perdere clienti o farci licenziare è quello di proporre argomentazioni che non sostengono la qualità del nostro prodotto, servizio o lavoro; il peggior modo di interagire con gli altri è crederci "furbi", come dicevamo prima.

Persuadere, non manipolare

Dicevamo nell'introduzione di come l'arte della persuasione abbia pervaso la memoria mitologica, portandola a essere oggetto di scambio con divinità e semi divinità operanti proprio in questo ambito. Nella Bibbia cristiana, invece, i persuasori non sono i personaggi più virtuosi, ma sono visti come astuti e ingannevoli seduttori. Al giorno d'oggi, la presa di coscienza individuale ha portato le persone a porre problematiche di natura personale e identitaria nei confronti degli interlocutori e, a fronte di un deterioramento dei rapporti del tessuto sociale, si teme che l'arguzia altrui sia capace di portare vantaggio a qualcuno a discapito però di un soggetto "ingannato" tramite la persuasione. La diffidenza verso i moderni "serpenti" che ci propongono di mangiare mele proibite non è ingiustificata: chi ha conosciuto il mondo del marketing sa che molto spesso gli operatori sono incitati (in alcuni casi "costretti") a usare tecniche manipolative del discorso, omissioni, interpretazioni ambigue. Avete fatto caso che molti venditori di servizi di fornitura energetica, gas e telefono NON si qualificano fin dall'inizio come impiegati della propria azienda, ma invece vengono incitati a usare parole neutre con cui presentarsi? Per esempio, spesso dicono tramite il citofono "Buongiorno, sono qui per la bolletta della luce, mi apre?" e ciò viene interpretato dall'ignaro inquilino come una richiesta di un fattorino incaricato di mettere la fattura nella buca delle lettere, invece si trova davanti una persona munita di un cartellino identificativo appeso alla giacca che chiede di verificare un documento dell'utenza. Vedremo più avanti come tali elementi para verbali e non verbali siamo scelti accuratamente per creare un percorso comunicativo specifico. Solo alla fine di una lunga tiritera su prezzi, fasce orarie, aliquote e percentuali, il commesso si rivela per ciò che è: un dialogatore porta a porta, pagato spesso a cottimo a seconda del numero di contratti sottoscritti. Il nostro mondo è pieno di "offerte" che poi si rivelano molto poco vantaggiose, clausole scritte in piccolo o da cercare su allegati o link che non possiamo verificare nell'immediato, informazioni fallaci, pubblicità ingannevoli per cui le aziende preferiscono pagare multe ai garanti sulle leggi del mercato pur di non perdere cospicui guadagni.

È più che normale che le persone, quando non possono avere ragione o essere ragionevoli, diventino diffidenti con l'esperienza.

La diffidenza

Purtroppo, la diffidenza non è un male assoluto, ma quasi un "male necessario" per molti. Un po' come la paura che ci insegna a non reiterare un comportamento pericoloso o dannoso, la diffidenza ci consente di valutare con cura e attenzione la situazione per non doverci pentire in un secondo momento della scelta fatta.

Il problema, in un mondo che ci bombarda di alternative inesistenti e di scelte frivole e che non incidono realmente sulla qualità della nostra vita (se non in peggio, talvolta), è che non si può essere razionalmente sempre diffidenti; inoltre, si rischia di sfociare in un atteggiamento inutilmente aggressivo verso gli altri.

Esperienze negative continue impediscono alle persone di aprirsi a dei cambiamenti positivi; pensiamo a una persona che ha avuto una delusione amorosa molto profonda, come un divorzio burrascoso o una rottura dovuta a un tradimento: sarà molto difficile che questa persona si ponga nelle mani di un altro partner e, d'altro canto, sarà molto difficile persuaderla ad aprirsi col prossimo.

La lezione da trarre, in campo relazionale come in quello professionale, è che la diffidenza si vince con la rilassatezza: quando qualcuno si può rilassare in presenza di un interlocutore propositivo e che sa attrarre la fiducia, ecco che abbiamo uno spiraglio, una breccia in cui poter intravedere una soluzione.

Vedremo più avanti i segni inconsci che porta sulla propria fisicità la persona diffidente. Quando abbiamo chiaro che la persona di fronte a noi ha paura del cambiamento che gli stiamo proponendo, non dobbiamo avere fretta. Una persona che ha avuto una brutta esperienza non può essere semplicemente ributtata nella situazione che rifugge con ansia, il classico detto "risalire a cavallo dopo che si è caduti" può essere applicato solo ad alcune situazioni.

Conquistare la fiducia del prossimo richiede dedizione, costanza e tempo. Attenzione, perché se noi per primi non crediamo che non ne valga la pena o non riteniamo tale sforzo realistico, prima o poi la nostra costruzione di fiducia crollerà miseramente.

Se credo che una relazione abbia senso di esistere posso proporre uno sforzo alla persona diffidente verso l'amicizia o il romanticismo. Se penso che quello che propongo sia davvero un buon affare, potrò fare breccia nella persona che è stata truffata in passato da venditori disonesti.

Intelligenza emotiva e persuasione

Siamo abituati a valutare le persone in base alla loro capacità di risolvere problemi di tipo logico-matematico e di acquisire nuove informazioni, sulla loro predisposizione a imparare nuovi schemi e riproporli. Certo, queste abilità sono necessarie fin da quando esiste l'Homo Sapiens e ci permettono di evolvere in quanto specie, ma da sole non bastano per equilibrare le grandi potenzialità tecniche in nostro possesso con tutte le necessità umane di cui dover tenere conto. Tra queste necessità c'è anche l'esigenza di sentirsi al sicuro, a proprio agio e in sintonia con il gruppo di pari con cui si tessono delle relazioni sociali. Una volta ho sentito un detto che riassume perfettamente questa difficoltà: siamo l'unica specie capace di progettare il viaggio nello spazio e teorizzare quello nel tempo, ma senza considerare il fattore "umano" rischiamo di colonizzare l'universo di mostri. Questo vuol dire che se "si può fare" una certa cosa, non vuol dire anche che "si deve fare" quella cosa. A porre limiti morali ed etici, troviamo il più umano dei fattori mentali: quello emotivo. Il Quoziente Emotivo misura la capacità dell'individuo di trovare soluzioni che diano un vantaggio sul lungo periodo, misurabili però non in beni materiali o in vantaggi "tangibili", ma in serenità, coesione sociale, empatia. L'intelligenza emotiva si occupa del modo in cui ci relazioniamo al mondo e di come essere felici con quel che abbiamo. Tale dote accompagna la nostra intelligenza logica e, per la legge universale di causa-effetto, può aiutarci a costruire le giuste strategie con cui comunicare in modo efficiente e rilassato.

Partiamo dall'assunto dell'indimenticabile Robin Williams nel film "Carpe Diem – Cogli l'attimo fuggente": le materie che si occupano di attività tangibili, del vivere materiale, sono quelle che ci consentono di vivere; quelle che invece indagano la metafisica che influenza i nostri comportamenti e le nostre preferenze personali, sono le attività per cui vale la pena vivere la vita. Anche accumulare beni e ricchezze non serve a niente se non troviamo una fonte di ispirazione, una causa a cui votarci, un modo di trarre soddisfazione. La persona definita "intelligente" dalla nostra società è adatta a uno stile di vita in cui ottenere e possedere molte cose; la persona dotata di intelligenza emotiva è felice e si accontenta con quello che ha e dà il giusto valore a ogni cosa. L'intelligenza logica che premia solo l'ottenimento di un numero maggiore di oggetti si scontra con il fatto che, realisticamente, ciò non sostenga l'idea di completezza e felicità ottenibile invece con l'accontentarsi.

Se ci pensiamo bene, partire da ciò che abbiamo (e non da ciò che vorremmo o che la società dei consumi ci persuade di volere) è il miglior modo di iniziare a prenderci cura di un problema e risolverlo.

La persona che elabora eventuali problemi con l'Intelligenza Emotiva sarà più propensa a riflettere sulla soluzione e meno sulla "gravità" del problema, non si lascerà sopraffare dalla difficoltà che deve affrontate, ed elaborerà meglio una strategia usando gli strumenti a disposizione.

Viene quindi da chiedersi, a questo punto: quali sono gli strumenti più efficaci dell'Intelligenza Emotiva da usare per la comunicazione persuasiva?

Lo scopriremo nel prossimo paragrafo.

Gli strumenti emotivi per la comunicazione persuasiva

La simpatia

Per i puristi della linguistica, la simpatia andrebbe definita come "l'abilità di comprendere il dolore altrui" dato il suffisso "pathos", traducibile come "sofferenza". In questo campo, però, sarà meglio pensarla come "l'abilità di comprendere lo stato d'animo altrui", ma soprattutto di interagire con gli altri basandoci sulle loro emozioni e sintonizzandoci sul tono del contesto con cui siamo venuti a contatto. D'altro canto, parlando in maniera realistica, le persone che oggigiorno consideriamo "simpatiche" sono quelle che ci sollevano l'animo con un po' di buonumore, quelle con cui parlare in maniera aperta e con cui lasciarci andare a delle confidenze personali.

Essere simpatici è essenziale per persuadere qualcuno. Adesso prova un piccolo esercizio:

chiudi gli occhi e immagina una persona che ti sta molto simpatica. Nel visualizzarla, ti sarà chiara la natura della dinamica sociale in cui siete coinvolti; potresti aver visualizzato un momento specifico in cui vi siete ritrovati e avete affrontato un certo tipo di discorso, ma soprattutto avete usato l'elemento emotivo dell'**ascolto attivo**. Ascoltare è fondamentale per inspirare simpatia. Sapere di essere ascoltati e presi in considerazione da qualcuno ci ispira un moto di affezione, in quanto qualcuno sta usando una risorsa inestimabile per noi: il suo tempo.

In poche parole, ascoltare e dedicare tempo alle parole altrui genera l'appagamento di un bisogno umano tante volte sottovalutato:

**le persone vogliono essere considerate,
capite e,
solo dopo, vogliono essere consigliate.**

Chi appaga questo bisogno entrerà nella cerchia dei "simpatici" e avrà un posto d'onore nella considerazione altrui quando parlerà a sua volta di qualcosa su cui vuole portare l'attenzione.

L'empatia

Essere "empatici", discostandoci dalla definizione letterale, è in buona sostanza la capacità di compartecipare dello stato d'animo della persona con cui stiamo interagendo. Proviamo a pensarlo come una sorta di radar delle emozioni a cui però nessuna scuola ci ha addestrato all'uso. Mettiamo il caso di vivere in un condominio e che, a un certo punto, sentiamo i nuovi inquilini gridare per un litigio: non sarebbe strano sentirsi agitati anche se noi non stiamo litigando con nessuno! Attenzione: questo però non vuol dire che l'empatia ci ponga solo in condizioni sgradevoli, la nostra mente ha per fortuna diversi filtri per l'attenzione e quello che dobbiamo fare è abituarci (ed esercitarci attivamente) al fine di comprendere e compartecipare a quello stato emotivo, ma anche di selezionare una nostra risposta interna proporzionata ai nostri bisogni: non è necessario litigare con il nostro partner a nostra volta, solo perché i vicini stanno urlandosi contro tra di loro!

L'empatia serve a sintonizzarsi e comprendere le ragioni dell'altro perché anche noi siamo capaci di provare quel tipo di stato d'animo.

E se non possiamo comprendere tali stati d'animo? Tanti problemi di coppia, conflitti di genere e scontri generazionali derivano, per esempio, dalle incomprensioni incolmabili che si trovano fra persone con ruoli dicotomici, molto distanti tra loro, per cui per esempio un uomo non può essere "empatico" con una donna che partorisce, solo perché una volta a calcetto si è slogato una caviglia e quindi ha provato molto dolore; un genitore che ha vissuto in un periodo storico in cui il potere d'acquisto medio era quattro volte superiore a quello della generazione dei suoi figli, non può ridurre i loro problemi economici per diventare autonomi alla sua esperienza personale in cui "bastava stringere i denti e andare avanti".

L'empatia smette di essere tale quando anziché andare incontro alle emozioni altrui si antepone la propria percezione personale, con la pretesa di imporla universalmente. Il marito con la caviglia storta a calcetto o il padre che, non senza fatica, ha ottenuto casa e pensione, non si sono sintonizzati per niente con l'interlocutore ma stanno invece restando chiusi nella propria esperienza personale.

Per vivere con gli altri non possiamo trincerarci nelle nostre posizioni, dobbiamo necessariamente trovare un contatto emotivo. Essere empatici vuol dire mettersi nei panni altrui, non pretendere che l'altro indossi i nostri e soprattutto, vuol dire evitare giudizi di valore sulla percezione delle difficoltà.

Quella che per noi può non essere una grande difficoltà, può essere motivo di sofferenza per gli altri.

Senza un minimo di relativismo non ci può essere empatia. Siamo tutti diversi, tutti unici e irripetibili, e non ci può essere una comprensione "totale dell'altro", chiaramente, ma non ci si può neanche negare il tentativo di guardare il mondo con gli occhi dell'altro. Senza fare questo sforzo, non si potrà mai avere un dialogo aperto e costruttivo.

La compassione

La compassione non deve essere vista come una inclinazione di un carattere "debole", arrendevole o compiacente.

È compassionevole chi è abbastanza forte da decidere se manifestare tale abilità: non è forte colui che può nuocere agli altri, ma chi agisce per fare del bene e aiutare soprattutto chi ha subito dei torti. In campo comunicativo ci rendiamo conto di quanto facilmente si possano incontrare persone che hanno un idioletto[1] impoverito da esperienze pregresse negative e che reagiscono in maniera distruttiva a causa dei pattern comportamentali consolidati per un dialogo interiore negativo. Lì, la compassione si rivela essere un incredibile strumento per "disinnescare" le

---

[1] Col termine "idioletto" si intende il modo specifico di parlare di una persona, il quale ha profonde radici culturali e riflette ragionamenti, sistemi di credenza, ideologie e interventi del substrato cosciente. Il modo di parlare, quindi, dice involontariamente di più sulla persona di quanto questa voglia dire di sé stessa volontariamente.

personalità che vivono in uno stato ansioso di diffidenza cronica.

Mostrare interesse, oltre che mettere il proprio tempo a disposizione dell'altro è sicuramente un buon punto di partenza, ma avere una condivisione di valori basata sulle emozioni in campo, supera le aspettative della maggior parte delle persone. Comprendere senza giudicare le fragilità e le spigolosità altrui serve per andare oltre il muro che, chi più chi meno, tutti ergiamo a difesa del nostro nucleo emotivo. Fare breccia in quel muro non è possibile se non con la gentilezza.

Non è possibile essere compassionevoli se non ci interessa arrivare a un fine ultimo migliore.

Qualcuno, infatti, arrivati a questo punto, potrebbe obbiettare che io stia proponendo di "simulare" emozioni e interessi. Nulla di più sbagliato. Poniamo l'esempio del lavoro in cui si deve coordinare una serie di abilità e mansioni al fine di raggiungere un obbiettivo aziendale: il manager. Una certa narrazione moderna descrive questa figura come una sorta di squalo senz'anima, votato a macinare persone e sentimenti in nome del profitto. Non c'è bisogno di essere "manager" per essere avidi, così come non è detto che chi si deve occupare di un compito del genere sia privo di

Intelligenza Emotiva, anzi: chi si intende di gestione imprenditoriale conosce molto bene l'impatto delle emozioni sul posto di lavoro e sa che, in un'azienda, i problemi sono anzitutto di natura relazionale. Quando si smette di vedere nel prossimo un muto ingranaggio di un meccanismo, ci si rende conto che ogni parte dell'azienda è una cosa viva, con peculiarità e identità tali da renderlo una risorsa che può rendere molto di più di quanto preventivato: basta saper ascoltare ciascuno per trovare più soluzioni ai problemi e superare le difficoltà anziché passare sopra tutto e tutti, senza guardare in faccia nessuno.

Per certe filosofie, la compassione è legata al concetto di interconnessione continua, cioè la contiguità che esisterebbe per una serie di fattori causa-effetto tra tutte le cose. In sintesi: ogni cosa ne influenza un'altra. Immettere volontariamente positività o negatività in questo flusso interconnesso genera necessariamente delle conseguenze, perciò, nel dimostrarci compassionevoli e ragionevolmente aperti agli altri, staremo spingendo verso un principio ordinato anziché verso un possibile e catastrofico caos "disempatico".

A livello relazionale personale, poi, non è necessario ricorrere a complicate metafore per capire che una persona antipatica, cioè quella con cui non si riesce a condividere valori ed emozioni, è quella per cui proviamo naturalmente avversione. Essere antipatici a nostra volta può portarci benefici sul lavoro, in famiglia o con gli amici? No. E allora forse conviene davvero pensare che coltivare la compassione non è una forzatura ma che, pur facendo i nostri interessi, ci conviene essere persone migliori e considerare le emozioni altrui come elementi di grande valore: riconoscendole, accettandole, comprendendole e proteggendole ci stiamo aiutando. Con questo tipo di atteggiamento non possiamo che guadagnarci.

Emozioni in campo

Dall'altra sponda della diffidenza troviamo la **fiducia**, ma non è la sola emozione che può giocare un ruolo fondamentale nelle interazioni, soprattutto quando si vuole vincere un atteggiamento schivo e impaurito.
La fiducia pone delle prospettive di interazione continuative nel tempo, indica una certa apertura all'altro e propone l'azione di ritrovarsi nel tempo per perseguire un impegno preso.
Intimamente connessa alla fiducia, troviamo la **speranza**. Oggetto di diatribe mai sopite, per i pessimisti è l'ultimo male del vaso di Pandora che impedisce di riposare, per gli ottimisti è il

motore che ci permette di dare l'ultimo colpo di reni per raggiungere l'obbiettivo e di non arrenderci. A guardarla come osservatori esterni della discussione tra pessimisti e ottimisti, la speranza rappresenta un bene o un male non di per sé, quanto piuttosto a seconda dello stato d'animo e della predisposizione di chi la valuta. Nel nostro caso, siamo portati ad avere speranza e promuoverla per consolidare una comunicazione persuasiva. Per vare la fiducia altrui e vincerne la diffidenza, dobbiamo portarli a pensare che nell'interagire con noi avranno modo di avere un piacere. Andiamo cioè a stimolare l'**attrazione** di cui abbiamo detto nell'introduzione di questo libro. Pensare di essere attraenti non va inteso in questo contesto come "attrarre in maniera sensuale e per scopi sessuali o romantici gli altri": essere attraenti in ogni contesto comunicativo vuol dire più che altro essere **"simpatici"**, cioè portare gli altri a pensare che siamo una valida risorsa nel campo in cui ci proponiamo e che diamo sicurezza, fiducia e speranza a chi vuole avvicinarsi a noi. Questo non vuol dire che dobbiamo trasformarci in una sorta di santone che si accolla ogni male altrui o che propone la panacea per ogni male, né che la nostra partecipazione possa essere ridotta a quella di un "giullare" che risolleva l'umore generale con poca serietà, sia chiaro; essere simpatici nella comunicazione vuol dire che di fronte alle problematiche individuali e collettive ci poniamo con quell'atteggiamento vincente di chi è sia empatico che compassionevole. Essere simpatici agli altri e mantenere alta la loro attenzione verso la nostra disponibilità a prendere tempo per loro ed essere fortemente collaborativi li attrarrà perché diamo valore alle loro emozioni e al loro tempo. Ad ogni modo, possiamo anche pensare che l'attrazione possa essere valutata attraverso la sua controparte negativa: l'**avversione**.

"Avversione" sembra sempre una parola molto negativa. Pensare che qualcuno la provi nei nostri confronti ci può gettare nello sconforto o per lo meno indurre uno stato di fastidio. In realtà ci possono essere molti fattori razionali per cui una persona può provarne: l'avversione verso ciò che fa male, verso ciò che è ingiusto o verso ciò che, per esperienza diretta, ha avuto delle conseguenze negative non solo è giustificata ma è uno dei meccanismi che soggiace all'apprendimento. Non giudicare mai una persona che ha delle resistenze verso qualcosa o qualcuno, poichè potrebbe avere i suoi motivi, e talvolta questi motivi potrebbero essere validi. Finché non parliamo di "pregiudizio", là dove quindi chiudiamo la porta in faccia a qualcuno, l'avversione aiuta a fare una cosa che molto spesso viene sottovalutata nella comunicazione: dire "no".

È molto meglio avere un interlocutore certo di quello che "non vuole" piuttosto che averne uno incerto o, peggio ancora, che ci dà false speranze per poi tirarsi indietro. La manifestazione di avversione può essere tramutata inserendo la fiducia nel nostro percorso comunicativo, mentre una "finta via diplomatica" non farà altro che generare perdite di tempo per entrambe le parti in causa. L'avversione più irrazionale è quella che viene dettata dalla paura. Perché dico che è "irrazionale"? È molto semplice: se io rischio di venire investito da una macchina, sul momento sentirò attivarsi i centri nervosi deputati alla mia autoconservazione, con una serie di riflessi fisiologici periferici che mi permetteranno di aumentare le probabilità di sopravvivere a una minaccia. La paura, in quel momento, è assente, ma si manifesterà in maniera arbitraria e casuale in momenti assolutamente scollegati al reale pericolo di essere investiti. Avrò paura nel guardare in film, avrò paura nell'addormentarmi, avrò paura nell'attraversare una strada anche se deserta. Parimenti, comunicherò in maniera caotica e nervosa quando mi sembrerà di percepire quei fattori ansiosi che hanno connotato un evento (o che io attribuisco arbitrariamente a quell'evento). Torniamo cioè alla diffidenza, ma con un meccanismo più complesso. La "cura" resta la stessa: pazienza, empatia e tempo. Possiamo però orientare intelligentemente la nostra conversazione, pilotandola verso quegli obbiettivi di **sicurezza** che la persona impaurita e che prova avversione vuole per sé. **Rassicurare** non significa mostrare con fredda logica l'assenza di pericoli: lo sa anche il nostro interlocutore; vuol dire far percepire una proiezione futura di una immagine del sé che sta meglio, messa in salvo da minacce e situazioni ansiose.

Essere sicuri di sé stessi

Una delle resistenze maggiori quando si parla di comunicazione persuasiva, che si tratti di un corso sulla gestione imprenditoriale o di un intervento sull'attrattività, è convincere le persone che si può essere più sicuri di sé.
Prima che chiunque possa obbiettare, faccio presente che "essere sicuri di sé" non è una dote innata. Nasciamo tutti con le stesse griglie di apprendimento per pattern programmate per la nostra specie, e questa porzione di materiale genetico ha percentuale irrisoria di responsabilità nella buona riuscita di questa operazione. Tutti, e dico tutti, siamo capaci di essere sicuri di noi stessi.
Metto subito un primo paletto: un conto è "essere sicuri di sé", un altro è "mostrare fiducia in sé stessi", perché mentre si deve

essere concentrati su un obbiettivo sia interno che esterno nel primo caso, nel secondo molti interpretano questa abilità come un "far finta di sapere di cosa si sta parlando" per poi sperare che vada tutto bene (che è anche un ottimo modo per essere bocciati agli esami all'università o far fallire dei meeting di lavoro).

La sicurezza va programmata.

Al pari di ogni altro compito che devi portare a termine, anche quello di accrescere la tua attenzione verso le tue capacità andrebbe messa in agenda, proprio come fai per l'appuntamento dal meccanico o la scadenza di una rata da pagare. Quando sai di dover affrontare un momento delicato in cui dovrai far valere la tua opinione, programma un "ripasso" delle convinzioni positive con cui presentarti in tutta serenità al tuo interlocutore. Arriva all'appuntamento sapendo già cosa vuoi dire, parla di quello che ti sta più a cuore circa l'argomento da sviscerare, ma non trascurare gli altri dettagli. Sempre tornando all'esempio dell'esame, trova degli argomenti su cui mettere il focus delle tue risposte, ma non eludere le domande. Se invece hai un appuntamento di natura romantica, pensa a quello che ti interessa, a quello che interessa la controparte e trovate un campo comune.

Se provi a ostentare una sicurezza che non possiedi, rischi di sembrare arrogante, e ti prego di non essere mai arrogante, non provare a "schiacciare" le argomentazioni e gli interessi altrui; piuttosto, usa gli strumenti emotivi della simpatia, dell'empatia e della compassione per proporre il tuo punto di vista e suscitare simpatia, empatia e compassione nei tuoi confronti.

Non provare neanche a spingere sul pietismo: alcuni equivocano il consiglio di suscitare empatia e compassione con una forma di vittimismo, e questo è un ottimo modo per essere scartati a favore di un altro candidato. Appellarsi alla compassione altrui tramite un lamento (per lo più insincero), infatti, si chiama "manipolazione passiva", ed è un po' come andare a mangiare fuori casa, dover scegliere il ristorante e vedere l'insegna che dice "Tanto lo so che la pizza degli altri è migliore, la mia non è così buona, e anche sul resto non me la cavo bene". Nessuno entrerebbe in un locale del genere, e probabilmente pochi resterebbero a leggere l'intero costrutto auto-denigratorio. Empatia e simpatia, usate in contesto di costruzione del sé positivo, devono costruire un percorso paritario, un ponte che unisce: non sono un "gancio di salvataggio" che porta verso l'alto qualcuno che si trova in basso, e se usati in questo modo, tali strumenti rischiano solo di trascinare tutti i partecipanti alla discussione verso il basso e affossare l'interazione. Immagina, quindi, che questa tua identità sicura ti porta verso gli altri. Se l'interazione non funziona, pazienza, te ne farai una ragione e troverai il modo o di ridimensionare o di passare oltre: non è la fine del mondo. Molte persone sono convinte che "saperci fare" con le persone sia un imperativo assoluto sociale, col risultato di imprimere una forma di impegno alle proprie conversazioni da risultare forzate… col risultato di allontanare le persone. Non si deve per forza ammaliare il prossimo, non lo si deve stordire di auto-elogi che alla fine risulteranno solo fastidiosi. C'è un vecchio adagio che recita "il carro vuoto fa molto rumore" e così sono le persone che, convinte di passare per intraprendenti e molto sicure di sé, parlano così tanto di loro stessi da sbrodolarsi di parole roboanti, finendo per fare la figura dei narcisisti egocentrici[2].

Ecco, nulla di quanto esposto finora è "essere sicuri di sé stessi"; ma allora, cosa lo è?

Come dicevo pocanzi, è un'operazione che richiede sia esercizio che una certa dose di improvvisazione, un lavoro sia interno che esterno alla propria persona.

Per prima cosa, controlla le emozioni come se

---

[2] Categoria che non si fatica a includere nell'insieme degli "antipatici".

fossero tangibili sul tuo corpo. Sii capace di governare i tuoi gesti (vedremo nella seconda parte di questo testo come farlo nel dettaglio), ma per ora ti basti sapere che quello che fai con la tua persona fisica rivela quello che pensi nel profondo della tua personalità. Anche se l'altra persona di fronte a te non è un'esperta di linguaggio del corpo e di prossemica, a livello "subliminale" alcuni elementi fisici vengono captati e l'agitazione può trasparire quando non vogliamo. Non è poi così raro: ti sarà sicuramente capitato almeno una volta in vita di non sentirti a tuo agio ma, per educazione o per convenienza di altro tipo, non potevi rispondere onestamente a chi ti chiedeva "Sei nervoso, per caso?" dovendo invece glissare e raccontare una "bugia bianca" per salvare la faccia[3].

Controlla coscientemente le tue mani e i tuoi gesti, indirizza il tuo sguardo verso la persona a cui intendi inviare il messaggio, porta la schiena in una postura dritta ma non tesa, distendi i muscoli facciali in modo da mostrare neutralità e, a questo punto, inspira, espira e sorridi per poi parlare con frasi semplici. Sottolinea con gesti misurati quello che dici, elenca con le dita eventuali punti da numerare,

---

[3] Non ti preoccupare: questo tipo di situazioni, in cui entrambe le parti sono consapevoli della "piccola bugia" in corso, sono all'ordine del giorno nella nostra società.

esprimiti in prima persona sottolineando frasi come "Io credo che…" "La mia opinione…" "In base alla mia esperienza…" ed evita affermazioni vaghe e inconsistenti come "Eh già", "Proprio così" eccetera. Cerca invece di ascoltare a fondo il tuo interlocutore senza paura di esprimere le tue preferenze: tutto sommato, cos'hai da perdere? Niente!

Fonda la tua sicurezza proprio su questo punto: non c'è nulla di realmente "pericoloso" in questa interazione che stai per avere (o almeno, le situazioni in cui un dialogo può essere rischioso implicano che tu faccia un mestiere come la spia o il criminale; in caso contrario, puoi considerarti fuori pericolo!) e la sensazione di "imbarazzo" è una sorta di bug di sistema del cervello. La nostra materia grigia, infatti, ha una serie di "sistemi di allarme" legate ad alcune aree che vanno dal tronco encefalico all'amigdala, che poi diramano informazioni di vitale importanza alla corteccia e alla neocorteccia. Cosa vuol dire questo, e cosa ha a che fare con la sicurezza di sé e con la comunicazione persuasiva? È molto semplice. La nostra mente è quella di un mammifero che vive in un pianeta abitato da potenziali predatori, alcuni anche molto pericolosi. È programmata per la nostra difesa con due possibili opzioni: fuga o combattimento. Siamo ancora quegli stessi ominidi che fino a pochissime migliaia di anni fa combattevano con pietre e bastoni per la propria sopravvivenza, in relazione con pericoli reali e distruttivi. Sebbene abbiamo sviluppato una società, un sistema di sicurezza esteso pressoché a ogni luogo in cui viviamo, il nostro cervello è lo stesso degli abitatori delle savane e delle foreste che oggi reputeremmo inospitali. I nostri allarmi si attivano con "ingiustificata" violenza di fronte a quell'input che ci fanno schizzare l'adrenalina alle stelle, e a complicare ancora di più tutto questo ci sono una serie di filtri interni, situati per lo più in diversi centri della corteccia più recente, che talvolta ci fanno immobilizzare. Tra i meccanismi più comuni ed evidenti, frutto dei "bug di sistema" del cervello dell'homo sapiens-sapiens, ci sono le risposte fisiche a delle condizioni che di fisico hanno ben poco: se siamo esposti a uno stimolo sensoriale che coinvolge la nostra sfera emotiva, possiamo lacrimare dagli occhi (piangere e singhiozzare) quando tale stimolo descrive una situazione "triste", possiamo esibire una sorta di urlo cadenzato e acuto (ridere) quando esposti a uno stimolo "divertente", e abbiamo una serie di gesti scoordinati, arrossiamo sulle guance, vaghiamo con lo sguardo, sudiamo e battiamo i piedi quando siamo a disagio, esprimendo la volontà profonda di dare retta alle funzioni primitive di autoconservazione per fuggire, in lotta però con la necessità di mantenere le convenzioni sociali di risposta opportune.

Come vincere un simile sistema ingarbugliato e allentare tali tensioni interne? Facile. Anzitutto, sii consapevole del fatto che non sei né cattivo, né incapace o debole. Sei solo umano, hai pulsioni comprensibili e queste fragilità sono comuni a tutti. Detto ciò, puoi **RESPIRARE**. Fai in modo che il sistema nervoso periferico compartecipi alla tua volontà di rilassarti e prendere il controllo della situazione, utilizza il sistema parasimpatico controllando i polmoni e le vie respiratorie superiori, abbassando i livelli di cortisolo (la molecola dello stress di origine surrenale) e ossigenando meglio il tuo cervello.

A ben pensarci, questa è l'unica alternativa che hai, quindi anche se sei nel panico devi RESPIRARE.

E poi, **SORRIDI**.

A costo si sentirti scemo, controlla i muscoli facciali e reagisci con un sorriso. Non solo sembrerai meno aggressivo e proporrai una risposta fisica positiva al tuo interlocutore, ma utilizzerai un altro interessante "bug" del sistema-cervello, per cui la risposta nervosa che convince i muscoli del viso a contrarsi funziona anche al contrario, andando dalla foce alla sorgente. Il cervello, a livello profondo, si convincerà che se i muscoli adibiti al sorriso sono contratti, ci sarà un motivo e inizierà a rilassarsi e a riempirti delle endorfine che sono di solito rilasciate come conseguenza a un evento piacevole; qui invece, diventeranno loro stesse la causa di quel rilascio positivo e rilassante.

Esercitati a sorridere a uno specchio mentre alterni profondi respiri. Poi, pensa volontariamente a qualcosa di spiacevole, di imbarazzante, visualizza uno degli scenari peggiori in cui ritrovarti durante un incontro e nota come il battito cardiaco e la postura reagiscano.

Non lasciarti sopraffare e di nuovo, sorridi e respira, respira e sorridi.

Ripeti a te stesso queste due frasi come se fossero dei mantra:

Io so (inspiro)
Quello che sto dicendo (espiro)
Io ascolto (inspiro)
E capisco quello che mi dicono (espiro)

Non c'è bisogno che le dici a voce alta, puoi pensarle ogni volta che vuoi e te ne puoi convincere davvero, perché sono la sacrosanta verità.

E quindi, che resta da fare? Sai quello che dici, sai ascoltare, ti sai porre fisicamente… a ben pensarci, non hai bisogno neanche di sentirti "sicuro di te stesso", è ben più importante che comprendi che tutto questo si esprime con un semplice concetto che ti fa stare ancora meglio:

rilassati.

Non si può controllare tutto, ma si può controllare come reagiamo alle condizioni esterne con queste semplici mosse che hai appena appreso.

Diplomazia, o l'arte di saper ascoltare

Alcuni usano un motto molto semplice dal latino per dare una definizione esaustiva di diplomazia: "*Do ut des*", ovvero "dare e ricevere". A mio avviso, tale visione è solo parziale e molto limitante di una operazione che può richiedere abilità più complesse del semplice "scambio". Diplomazia, infatti, non coincide con il termine "baratto".
Dicevamo prima del "campo comune" in cui far interagire gli interessi delle due parti. Ciò funziona sia in campo relazionale-sentimentale che in tutte le altre azioni "diplomatiche".
La diplomazia, infatti, può essere definita come l'abilità di far coincidere gli interessi di due parti in un unico punto, idealmente equidistante dalle due posizioni originarie. Infatti, il maggior successo di un'operazione diplomatica è definibile attraverso un principio di equità per cui i contraenti, ciascuno in modo

proporzionale alle proprie possibilità, si impegnano a rispettare i bisogni dell'altro, proteggere i propri e cercare un interesse comune. A parità di sforzo, ciascuno può ottenere ciascuno qualcosa.

Poniamo il caso di voler andare a tutti i costi in vacanza in un posto molto costoso e di potercelo permettere. Proponiamo tale meta a qualcuno, un amico o il partner, ma questi ha una possibilità economica più ridotta rispetto a noi. La persona a cui abbiamo chiesto di accompagnaci vorrebbe venire, se ne rammarica, ma proprio non può farcela in quel momento. Sarebbe ingiusto pretendere di dividere le spese a metà contando un 50% dei costi a testa e se vogliamo agire in maniera diplomatica dobbiamo capire come equiparare gli sforzi di ambo le parti. Se proprio ci teniamo ad affrontare quella vacanza con quella persona, possiamo proporre di mettere una percentuale più alta e di far pagare il resto con ciò che è nelle possibilità dell'altro.

La diplomazia è anche spesso equivocata come una sorta di "vendetta" in cui si trova un punto d'accordo non nel guadagno reciproco ma nella perdita egualitaria. È un pessimo modo sia di gestire le operazioni economiche e lavorative, sia per affrontare le dinamiche relazionali. Il guadagno è sempre più importante di quello che ci si rimette per arrivarci.

La comunicazione persuasiva pone l'accento sulle note positive, su ciò che fa bene a entrambi, sulla possibilità di accrescere insieme e creare un'alleanza relazionale e professionale.

PNL per la persuasione

In nostro soccorso, per identificare i meccanismi comunicativi migliori con cui persuadere le persone, troviamo la Programmazione Neuro Linguistica, detta PNL. L'assunto di base di tale disciplina è che esiste un linguaggio interno che è dettato da risposte neuronali; questo linguaggio, proprio come l'idioletto, è un po' la nostra impronta digitale comunicativa, fatta di particolarità semantiche di natura sociale, culturale, familiare e personale.

Nella PNL si considera anche la risposta psicologica di tale idioletto, il quale non solo influenza il modo in cui parliamo agli altri e la nostra probabilità di successo, ma determina come noi elaboriamo le informazioni che vengono dall'esterno, come strutturiamo delle reazioni e come creiamo dei pattern relazionali con gli altri a seconda di una griglia verbale in cui i termini hanno valori spesso arbitrari.

Quello che possiamo condividere mentre comunichiamo, quindi, non è un puro "dato oggettivo" che riflette le nostre sensazioni personali, ma è il valore delle parole, il creare dei comportamenti volontari, addomesticare quelli involontari e migliorare la capacità di scambiare informazioni.

I processi inconsci e il loro raffinamento con la PNL

Consideriamo adesso le parole come le unità minime del messaggio. Prima ancora di essere espresse, vengono elaborate da un sistema "automatico". Non abbiamo bisogno di pensare alla definizione di ogni singolo vocabolo che stiamo per utilizzare quando vogliamo farci capire, un po' come non abbiamo bisogno di pensare "alzare piede destro, portare il peso avanti, poggiare piede destro, stabilizzare equilibrio, alzare piede sinistro..." e ad ogni singolo gesto che facciamo camminando. Continuando a utilizzare la metafora della camminata, quando il terreno non è sicuro, è scivoloso, non è illuminato, concentriamo di più la nostra attenzione verso ogni singolo gesto facendolo diventare volontario. Altrettanto, quando stiamo sostenendo un esame non usiamo frasi vaghe e generiche ma ci sforziamo di andare verso un punto più preciso possibile del discorso. Siamo capaci di mettere il "pilota automatico" e di inserire quello manuale a seconda della necessità. Alla luce di quanto spiegato qui, sarà più semplice capire che le emozioni, sotto forma di affermazioni, influenzano diversi processi mentali e non solo quelli comunicativi. Pensare di essere capaci o meno di una certa impresa e dialogare internamente confermando tale convinzione, influisce direttamente sulla possibilità di successo. Non è un caso che io ti proponga degli esercizi di una disciplina nota appunto come "Programmazione Neuro Linguistica": tale studio sperimenta tecniche ed esercizi volti a cambiare l'approccio con la realtà, attraverso una strutturazione del linguaggio con cui influire positivamente sulla nostra vita, eliminando gli ostacoli interni per superare quelli esterni.

Dicevamo infatti che, se le maggior parte delle parole che usiamo sono spesso pronunciate o interpretate in modo arbitrario (talvolta per convenzione, altre per fretta, altre ancora perché non si riesce ad esprimersi meglio), il valore che noi vorremmo trasmettere attraverso il nostro lessico è invece universale. Trasmettere quel valore vuol dire creare un campo comune stabile. Molto spesso la gente litiga perché è mancata una definizione universale ad un certo termine.

"Un po' di zucchero" può voler dire un pizzico, un cucchiaino o un cucchiaio colmo, ma a seconda delle necessità può ottenere risultati molto diversi; parlando di cose più serie, se la nostra definizione di "amicizia" differisce da quella ritenuta valida dagli altri intorno a noi, rischiamo di avere seri problemi, in quanto (per usare solo una delle molte differenze in campo relazionale) c'è chi ritiene l'amico come quella persona che partecipa alla vita quotidiana e c'è chi invece ritiene che l'amico sia essenziale nei momenti cruciali della vita. Entrambe le posizioni possono essere valide e non tolgono valore al sentimento d'affetto che si può provare, ma si rischia di incappare in un equivoco che può lasciare delle cicatrici.

A tal proposito, ci sono delle parole senza possibilità di equivoco che possiamo dividere in due campi distinti: affermazione e negazione.

Le unità minime della comunicazione: le differenze tra silenzio, affermazione e negazione

Pensandoci bene, è difficilissimo dare una definizione sintetica ed esaustiva dei termini più semplici del nostro vocabolario: **sì** e **no**.

I due fonemi monosillabici per eccellenza servono per semplificare l'essere o meno d'accordo con qualcosa, la condizione di essere o non essere in un determinato momento di una certa situazione o di un oggetto, il possesso relativo a qualcosa... però usare seccamente queste parole, indipendentemente dal contesto e dal significato dato, dà altre informazioni; se, infatti, mi viene chiesto qualcosa e io rispondo solo "no" o "sì" l'altro percepirà una punta di ostilità e disagio, su cui di solito un partner o un genitore si metteranno a indagare, mentre uno sconosciuto lascerà semplicemente perdere.

Il **silenzio** che segue una risposta secca o, peggio ancora, fornito come una risposta fa da veicolo di messaggi per lo più negativi. Come sarà facile intuire, quando qualcuno non risponde per niente a una nostra domanda o non ricambia il nostro saluto, porta a galla una forma di conflittualità non verbale che comunica anche più eloquentemente di eventuali motivazioni. È un ragionamento talmente tanto ben radicato nell'animo umano che, su larga scala, quando due Paesi stanno per entrare o entrano in conflitto tra loro non si limitano a chiudere eventuali frontiere ma "tagliano" i ponti diplomatici, espellono i rispettivi ambasciatori, interrompono comunicazioni: il silenzio diventa l'equivalente di una dichiarazione di guerra. In alcune zone d'Italia, quelle dove per decenni hanno imperversato i briganti, si trovano dei detti che esprimono un concetto utile a evitare coinvolgimenti in situazioni rischiose: "in campagna o in montagna, non perdere tempo a guardarti le spalle ma vai via in fretta se qualcuno non ti saluta". Salutare sconosciuti per i sentieri fuori città è considerata spesso buona educazione, ma se non si veniva ricambiati, nelle epoche scorse, poteva voler dire che la persona incrociata sul cammino non volesse essere riconosciuta. Il suo silenzio era interpretabile come "se ci tenete alla pelle, tirate dritto e dimenticatemi", invitando implicitamente a seguire il codice dell'omertà. Il silenzio in classe o al lavoro, di norma è interpretato come un buon segno, quando però può semplicemente nascondere la distrazione non manifesta di alcuni: in caso di silenzio verbale "totale" bisognerà richiamare l'attenzione verso i segnali non verbali e capire se la mente dell'interlocutore è ancora con noi o se piuttosto non stia vagando per conto proprio, ignorandoci o facendo finta di prestare attenzione.

Quando introduciamo questi concetti (silenzio, affermazione e negazione) in un possibile percorso neuro linguistico, ci rendiamo subito conto che l'unica possibilità per la nostra mente di provare "silenzio" verso qualcosa è di ignorarne l'esistenza, per *ignoranza* vera e propria, oppure perché la nostra attenzione è portata verso tutt'altri soggetti. L'affermazione e la negazione, invece, creano un percorso dicotomico in cui ogni possibile interazione diverge in "possibile" o "impossibile", proprio come nell'entimema aristotelico.

Soffermiamoci per ora su quello che ci

consente o ci impedisce di essere persuasivi.

Come comunichiamo a noi stessi la nostra capacità di parlare agli altri e di proporre il nostro punto di vista?

Come ci prepariamo al confronto e al dialogo?

Qui entra in gioco un concetto profondamente radicato nella psiche:

siamo più propensi a parlarci in modo affermativo o in modo negativo?

Bada bene che non stiamo esprimendo "giudizi di valore oggettivo" sulla qualità del tuo pensiero, quanto piuttosto dobbiamo capire con che frequenza sei abituato a darti input affermativi.

Quando sogni a occhi aperti stai trovando strategie per raggiungere uno scopo?

O ti capita più di frequente di indugiare su fantasie in cui risolvi conflitti già passati, oppure ti trovi in una condizione estremamente vantaggiosa ma non ne hai visualizzato le modalità di conseguimento?

Non ti preoccupare, non si tratta di "terribili vizi mentali", sono le cose che facciamo tutti quanti, dobbiamo solo imparare a inserire un "inner talking[4]" positivo e propositivo in cui

---

[4] Il "dialogo interno" è qui inteso come una tecnica di

sottolineare mentalmente quelle parole che ci aiutano a trovare le strategie di uscita più solide e sicure. Se hai modo di ascoltare dei tuoi messaggi vocali (magari riesumando conversazioni su app per social media sul tuo cellulare) cerca di individuare le affermazioni negative o quelle positive che usi più di frequente: ti daranno un'idea di quello che proponi agli altri, magari senza accorgertene, e di cosa stai seminando inconsapevolmente nel tuo subconscio. Anche se non hai idea di come il tuo idioletto caratterizzi affermazioni negative o positive, puoi comunque diffondere in modo consapevole e misurato le tue affermazioni, il tuo dialogo interiore, inserendo termini propositivi come "Io posso…" "Io ho la possibilità di…" "Io faccio…" "Io [fare una determinata azione] con successo…" eccetera, enfatizzando sul soggetto delle frasi, che sarai sempre tu. Immagina di prenderti cura di te stesso e di essere il tuo "coach". Inizia a crederci un po' e finirai per essere il tuo più grande sostenitore.

---

psicologia per monitorare la condizione mentale. La primissima domanda da farsi può essere "come sto"? E in caso di agitazione, assieme a una respirazione controllata, imparare a controllare le risposte verbali, para verbali e non verbali verso il nostro interlocutore. Esercitati allo specchio e con qualcuno con cui chiarire i tuoi pensieri mentre parli.

Con chi stiamo parlando?

Prestare particolare attenzione al modo di parlare dell'interlocutore è un ottimo modo di costruire una struttura persuasiva. Se notiamo che la persona con cui parliamo dice spesso **"noi"** anziché **"io"** avrà dei motivi per cui sarà bene capire a chi si riferisce: se è un monarca o un capo religioso, se in quel momento sta parlando a nome di un gruppo, come un'azienda o un'associazione, se si riferisce a sé come membro di una coppia e, implicitamente, ci sta mettendo sull'avviso che esiste una struttura sociale di cornice di cui noi dovremmo tenere conto a nostra volta nell'interazione in corso. Chi sottolinea spesso la parola "io", d'altro canto, sta cercando di sottolineare la propria importanza nel discorso perché teme di essere sottovalutato, non importa se è una persona di grande rilievo nel suo contesto o se è l'ultimo arrivato. In linea di massima, per essere persuasivi bisognerebbe sempre far capire che il soggetto con cui si sta interagendo è una unità: è difficile comunicare emotivamente, attirare o utilizzare empatia, simpatia e compassione di un gruppo o di un'azienda: dobbiamo far leva sulla persona. Se a un interlocutore indeciso diciamo una frase del tipo "Non c'è bisogno di preoccuparsi" stiamo togliendo il soggetto del discorso, disorientandolo e lasciando anche intuire che la responsabilità dell'azione in discussione è incerta. Far capire che tale situazione è invece gestibile e che impegnarci personalmente rientra nelle nostre intenzioni (ricordi? dare tempo e importanza crea connessione…), è vitale ed è esprimibile con espressioni quali "Io capisco la tua preoccupazione, ma ti assicuro che farò tutto quello che sarà necessario perché non ci siano problemi". Cerca di capire, quando parli, quanto spesso usi le espressioni "senza personalità" e quando, invece, rischi di sottolineare troppo spesso il tuo ego attraverso la parola "io" usata quando non necessaria.

L'ordine dei soggetti del dialogo persuasivo e il potere del "ma"

A tanti sembra una buona idea cominciare a parlare "elogiando" in qualche modo le idee e le posizioni della persona che si vuole persuadere. Vediamo invece perché questa è invece una pessima idea.

Bisogna sottolineare un fatto: l'ultima affermazione è quella che resta più impressa nel discorso. Non è un caso se Aristotele consigliava di terminare le orazioni con una massima, in modo da dare un coinvolgimento emotivo maggiore e rimanere impressi con una frase ad effetto a cui sarebbe stato difficile controbattere.

Facciamo ora un esempio pratico. Si rende necessario fare un acquisto per l'ufficio e un collega sottolinea come, tra due opzioni, quella che chiameremo Opzione A è nettamente preferibile in quanto meno costosa rispetto all'Opzione B. Potremmo subito notare che il nostro collega ha delle preferenze e che il suo sistema di valori, nel campo degli acquisti, predilige il risparmio. Sbaglieremmo a dire "è vero, caro collega, hai ragione: l'opzione A costa meno. **Ma...**"

Tutto ciò che viene prima di un "ma" non conta.

Può sembrare drastico, eppure dovresti abituarti a questa idea e considerare lo stesso per i discorsi altrui: la parte importante del discorso sta sempre dopo il "ma", non prima. Non considerare eventuali elogi che vengono seguiti da tale parola, considera i punti d'incontro proposti in una contrattazione come passibili di cancellazione se non viene soddisfatta la clausola che seguirà al "ma" dell'interlocutore e che può annullare tutto.

Ci sono oratori, per così dire, che pensano di poter mettere le condizioni più "scomode" (ma che spesso sono anche il vero cuore della contrattazione) dopo le parti "allettanti", facendole sembrare obbligatorie e non contrattabili perché sono state fatte delle concessioni.

Perciò potremmo esprimerci nella seguente

maniera:

"Caro collega, l'opzione B è più conveniente e va benissimo optare per il risparmio. Come giustamente fai notare, l'opzione A costerebbe meno… se non consideriamo il lungo periodo, sul quale l'opzione B vince perché più duratura.

Per ottenere il medesimo risparmio sul lungo termine del prodotto B, dovremmo acquistare due prodotti A. Ricorda che, come dice il detto, chi poco spende assai spende!"

I tipi comunicativi della PNL: i sensi nell'immaginario comunicativo

La comunicazione è, in buona sostanza, la verbalizzazione di azioni ipotetiche e fisiche ad altri soggetti. Di conseguenza, le azioni, attive o passive che siano, sono veicolate nella comunicazione dai **verbi**.

Le sensazioni esterne vengono rielaborate in maniera sottile e simbolica anche da quelle parti del cervello adibite a funzioni diverse da quelle tangibili, e ciò lascia una traccia nella psiche, riscontrabile nella nostra verbalizzazione.

Quello che ci interessa in questa sede è capire che tipo di verbi relativi ai sensi vengono usati dal nostro interlocutore e nel nostro dialogo interiore. Il mondo sensoriale diventa parte del nostro substrato cosciente e il linguaggio ne è impregnato, di conseguenza possiamo osservare tre gruppi principali di elaborazione di questa dinamica psicologica:

1) Visivo: "Si vede a occhio nudo che è un buon affare"; tali persone hanno bisogno di silenzio quando devono concentrarsi, sono più riflessive, cercano emozioni e contatti profondi. Osservatori pignoli, fanno ricorso alla memoria visiva e amano le situazioni più calme.

2) Cinestesiche (Tattile – Fisico): "È un affare solido, si può toccare con mano la garanzia di successo"; solitamente, sono le persone che amano di più il contatto fisico, l'esternazione di emotività con il corpo, le attività manuali e all'aria aperta e gli sport. A differenza delle persone visive, danno molta importanza ai dettagli esterni.

3) Uditivo - "Questo tipo di contratto è musica per le mie orecchie". Sono le persone che amano la comunicazione, parlano spesso da soli a voce alta per "sentire" i propri pensieri e non apprezzano particolarmente il silenzio ma cercano volentieri di colmarlo perché gli crea disagio più che agli altri due tipi.

Questa distinzione ci permette di avere immediatamente degli indizi utili sulla persona con cui stiamo interagendo.

Si può oscillare a seconda di alcune inclinazioni, talvolta cambiando radicalmente gruppo nel corso dell'esistenza o per motivi che possono sembrare casuali, ma che in realtà riflettono anche delle necessità oggettive della persona.

Se, infatti, siamo in un momento di particolare difficoltà tenderemo a esprimerci in modo "visivo" alla ricerca di concentrazione, saremo forse più cinestetici se siamo allegri e propensi all'espansività come quando riceviamo una buona notizia.

Evitare, invece, di utilizzare verbi sensoriali è indice di una comunicazione tecnica, asettica e il meno emotiva possibile.

Arriviamo senza ulteriori indugi al punto cruciale di questo paragrafo: come usare nella comunicazione persuasiva queste nozioni?

È molto semplice.

**Si è notato che le persone tendono a reagire
meglio quando sono in contatto
con qualcuno che si esprime come loro.**

Se per esempio, trovandomi di fronte a una persona di tipo uditivo, dovessi ricevere una comunicazione che dice "<u>Ascolti</u>, avrei bisogno dei vostri servizi" potrei rispondere con "Mi <u>parli</u> pure dei suoi progetti: sono tutt'orecchi".

A chi mi dice "Mi <u>tocca</u> chiederle un preventivo", rivelandosi per essere una cinestetica, darò come risposta qualcosa come: "Avrà per le <u>mani</u> la nostra proposta entro oggi".

Se mi viene detto "Mi può far <u>vedere</u> un esempio?" risponderò "<u>Guardi</u> pure: posso <u>mostrarle</u> un prototipo del genere, la qualità del nostro lavoro è sotto gli <u>occhi</u> di tutti!"

Prova ad esercitarti con le persone che conosci, identifica i loro tipi sensoriali e cerca di capire se hanno delle risposte diverse dal solito quando ti sintonizzi sul loro modo di parlare.

Un esercizio per accrescere la sicurezza di sé dalla PNL

Immagina adesso di aver bisogno di prendere un po' di fiducia "in pillole". Ci si può presentare una situazione di stress generico che può richiedere un "prelievo" dal nostro deposito interiore. E quindi, come fare?

Esistono molti stratagemmi utili, le persone abituate a parlare in pubblico mettono a punto dei percorsi mentali con cui eliminare eventuali residui negativi di ansie e preoccupazioni per concentrarsi su quel che devono fare e riequilibrarsi. Ti propongo un piccolo e semplice esercizio per rafforzare la sicurezza a comando.

L'ancoraggio è una tecnica tanto semplice quanto efficace, che si basa su quello che potremmo definire come un "meccanismo di associazione mentale profonda". Possiamo associare a un determinato stato d'animo (utile proprio per il raggiungimento del nostro scopo, cioè la comunicazione persuasiva) a un oggetto mentale o reale da "evocare" a comando, ottenendo la disposizione d'animo richiesta quando se ne sente il bisogno. Hai capito bene: quello che dice la PNL (ma tantissime altre discipline e branche della psicologia) è che possiamo cambiare volontariamente le nostre sensazioni e indirizzare la mente verso quello che ci serve, anziché lasciar andare l'emotività e le associazioni mentali "libere e a briglia sciolta", col rischio che il corso dei nostri pensieri vada verso il timore dell'insuccesso, l'irritabilità o l'ansia da prestazione.

Per iniziare, voglio che tu chiuda gli occhi per circa trenta secondi (non è necessario che ti cronometri) e che visualizzi una situazione in cui ti sei sentito vincente. Pensa intensamente a quella situazione, ma non concentrarti su ciò che l'ha provocata, quanto piuttosto su quello che hai provato. Isola l'emozione profonda, assapora di nuovo il successo, e quando riapri gli occhi, sii cosciente del fatto che ti aspetta ancora nel tuo futuro.

Per fare in modo di creare l'ancoraggio, trova un elemento con cui poter rievocare la sensazione a comando. Alcuni utilizzano una parola, altri un colore. In ognuno dei due casi, prova a immaginarti coperto o della vibrazione di quella parola o della luce di quel colore. Per esercitarti, prova a pensare che ad ogni respiro questa vibrazione o luce (o entrambe le cose) salgono dai piedi, passando dalle ginocchia su fino alla cassa toracica, riempiono braccia e mani e coprono la testa. Sei pieno di quella "parola d'ordine" o di quel "colore del successo", ogni tua cellula ne è pervasa. Quando riapri gli occhi, sei completamente cosciente del fatto che la sensazione del successo è con te e la stai per usare a tuo vantaggio nella prossima prova che stai per affrontare.

Se vuoi usare un oggetto d'ancoraggio, assicurati di portarlo con te (magari con un portachiavi o in una borsa) e nell'essere consapevole della sua esistenza, fai passare la sua energia simbolica dalle dita fin dentro la tua testa, in modo da usarlo come un "talismano", che non porta solo fortuna ma che ti ricorda che ce la puoi fare.

PARTE II

In questa parte affronteremo tutte quelle attività di contorno alla comunicazione, le quali però rappresentano una parte molto importante del discorso.

Avrai sentito già affermare da qualche parte che, di tutto quello che si dice, solo un'esigua parte viene esplicata dal contenuto verbale, mentre più della metà è veicolato da altri elementi. Tuttavia, ricorda che non basta "vestirsi in modo adeguato" o "usare un tono suadente" per ottenere consenso. La comunicazione è persuasiva quando tutti gli elementi para verbali e non verbali accompagnano le sensazioni che vogliamo suscitare, e cioè fiducia, attenzione, empatia, simpatia e compassione. Pretendere, per esempio, di non suscitare animosità o reazioni pesanti mentre si danno brutte notizie, magari in modo frettoloso e sconvolgente, solo perché si è indossato il miglior vestito del proprio guardaroba e si è stati attenti a come muovere le mani sarebbe povera cosa rispetto ad una maggiore attenzione al versante contenutistico del messaggio. Anzi, l'effetto di un atteggiamento non verbale "gioioso", mentre si danno notizie tragiche, sarebbe intollerabilmente irrispettoso per il pubblico, così come un atteggiamento che dimostri rabbia, disagio o tristezza tramite la gestualità e il tono di voce "stonerebbe" troppo con un lieto annuncio, suscitando sospetto e diffidenza in chi ci ascolta.

Ti consiglio di prendere nota non solo di come gli altri si pongono fisicamente nei tuoi confronti, ma anche di come tu tendi a comportarti con gesti, tono e sguardo.

Strumenti non verbali per la persuasione: la gestualità e la postura

Ci sono molti modi di approcciare gli studi della prossemica in relazione alla comunicazione non verbale, ma un primissimo consiglio pratico è d'obbligo: **controlla le tue mani**.

Uno dei segnali che viene registrato dal nostro interlocutore, quando ci presentiamo di persona, è il modo in cui muoviamo il nostro corpo e le nostre mani, come abbiamo visto parlando dei tipi sensoriali nella comunicazione, infatti, esso riveste un ruolo di prim'ordine. È uno dei nostri canali di percezione del mondo, difatti, tramite i gesti che usiamo, esprimiamo informazioni con un vocabolario di origine sociale (i gesti che sono propri di una certa popolazione, come le "dita a pigna" degli italiani per dire "ma che vuoi?") e uno di origine personale, attraverso cui esprimere invece il grado di agitazione o di controllo durante una conversazione.

Stando a uno degli esperti di psicologia e prossemica, nonché ex agente dell'FBI J. Navarro, i gesti precisi dovrebbero disegnare il nostro percorso comunicativo, numerando i punti che stiamo elencando senza vagare nello spazio, senza cercare di attirare più del dovuto l'attenzione dell'interlocutore (o peggio, distraendolo dal nostro messaggio); e esprimendo al meglio il nostro atteggiamento che punta direttamente a catturare lo sguardo del pubblico con un'espressione ferma, braccia vicine al corpo, schiena dritta ma non tesa, spalle rilassate e petto aperto, evitando i movimenti ritmici veloci che tradiscono il nervosismo. Un interlocutore che si tocca spesso il viso "nasconde" qualcosa (una parola che non vuole pronunciare, un concetto che non vuole sentire, qualcosa che non vuole vedere… anche qui puoi osservare con che tipo comunicativo hai a che fare e sintonizzarti di conseguenza), mostrando involontariamente la poca convinzione che ha nei confronti dell'argomento in campo o nelle sue stesse affermazioni.

"Pettinarsi" con le dita richiama alla necessità di fare ordine o di "proteggersi" la testa da un argomento pesante.

Chi si "chiude" mentalmente espone tale pensiero con posizioni incrociate: braccia conserte, gambe accavallate e testa reclinata sono proprie di chi è in disaccordo con noi.

In generale, la postura da tenere quando si vuole essere persuasivi prevede schiena dritta, ma non tesa, con le spalle rilassate, le braccia lungo i fianchi, le mani vicine tra loro in atteggiamento disteso e pronte a sottolineare i punti del discorso. Generalmente, nel rispetto dello spazio personale di ciascuno, ci si dovrebbe protendere verso la persona a cui si rivolge l'attenzione, ma attenzione: sporgersi troppo è considerato un sintomo di invadenza, se non di minaccia vera e propria, così come l'eccessivo contatto fisico denota insicurezza, necessità di ricevere attenzione, nervosismo e confusione.

Strumenti non verbali per la persuasione: forme, colori, luci, carta e vestiti

Il marketing usa un codice di forme e colori specifico per suscitare gli stati d'animo più adatti ad un certo contesto. Così, nella maniera in cui una forma con linee nette e squadrate ci richiama a temi "matematici", cari alla tecnologia e alla ricerca di risposte esatte (vedi le pubblicità su prodotti elettronici, automobili e informatica), le sfumature e le forme ammorbidite comunicano un senso di accoglienza e tenerezza; in modo altrettanto preciso, gli esperti di psicologia applicata all'advertising hanno capito come suddividere i colori in base alle necessità dei comunicatori.

I colori richiamano ad altri sensi e una certa tonalità viene associata facilmente a un tipo di odore e sensazione tattile: la sinestesia ha una grande capacità di persuasione, basti pensare che tutti i fattori sensoriali sono considerati dalle grandi catene di distribuzione, sia nell'abbigliamento che nel campo alimentare, per indurre i clienti a comprare di più grazie alla stimolazione indotta volontariamente.

Fateci caso, l'odore che sentite entrando in un negozio di un marchio specifico non è casuale, così come le luci in vetrina, ma sono tutti elementi calcolati in precedenza.

- **Blu**: colore **calmo**, induce a pensare a un campo comune d'intesa (non a caso alcuni marchi dei colossi dell'intrattenimento tramite social hanno adottato questo colore, così come prestigiosi istituti bancari e assicurativi), richiama le tonalità naturali del mare e del cielo sereno. Il suo messaggio di fondo è "rilassati".

- **Verde**: creatività, sensibilità, naturalità e **speranza**. Il verde ci riporta al colore delle piante, del nutrimento, del lavoro manuale e dei prodotti della terra "bio", oltre che della tutela degli animali. Può essere associato al marrone.

- **Giallo**: **energia**, il colore del Sole, ci rimanda alla forza delle fiamme vive e del fulmine, ci parla di luminosità e dinamismo, ha le caratteristiche del "fuoco giovanile" e ci vuole spingere a ragionare con vivacità e brio.

- **Arancione**: **gioia** e allegria, tipico di alcuni marchi giovanili, è perfino usato per riconoscere alcune religioni orientali che vi trovano una caratteristica peculiare per il proprio proselitismo.

- **Rosso**: colore sanguigno, associato a pericolo e sensualità. Spinge all'impazienza e quindi all'**azione**, è impossibile pensare di dormire in una camera rossa con una luce simile; similmente al colore giallo, spinge ad agire ma con sprezzo del pericolo e dei limiti, come suggeriscono alcuni marchi di bibite e di macchine sportive di lusso. Il rosso è un colore che eccita la vista e risveglia i sensi.

- **Viola**: sensualità e creatività, richiama

anche a ciò che è **misterioso** e crepuscolare.

- **Rosa**: **infantile**, divertente, tenero e "girly oriented" per eccellenza, accentua uno di questi tratti a seconda del colore associato. Il binomio blu e rosa è adatto all'infanzia, rosso e rosa a esprimere femminilità, bianco e rosa innocenza.

- **Nero**: lusso, eleganza, come l'oro, ma anche serietà e una possibile sfumatura di sensualità associata al mistero. Le macchine "potenti" sono cromate, lucenti e nere, e sono potenti i personaggi vestiti di neri e con occhiali neri che vengono trasportati da tali mezzi, per fare un esempio. Il nero contrasta con la luce ma è anche l'elemento che traccia le linee sul foglio bianco per poter dare messaggi. Contrariamente a quanto si può pensare, non è solo un colore per il "lutto", ma appunto, adatto a chi ricerca potere, una identità con grande carattere: in una parola, **autorità**.

- **Bianco**: eleganza, **purezza**, salute, il "non colore" vergineo e luminoso del foglio immacolato, del cibo raffinato, del pulito senza macchia.

- **Grigio**: un colore che induce alla calma

e alla **riflessione** e accompagna altri colori per infondere serietà e sobrietà.

- **Marrone**: insieme al grigio, uno dei colori meno apprezzati dal campione d'indagine femminile e dai più giovani, richiama a tematiche bucoliche, **serietà** della terra e dei colori lignei.

Come usare i colori nella comunicazione di tutti i giorni? Chiaramente non possiamo presentarci a un interlocutore o a un gruppo completamente vestiti di giallo e arancione per attirare l'attenzione dei più giovani, per esempio se siamo dei docenti che cercano di lavorare con degli studenti.

Quello che possiamo fare, invece, è programmare elementi che richiamino a tali colori per sottolinearne l'uso.

Se stiamo preparando una riunione in ufficio, possiamo sottolineare le nostre intenzioni con sfondi e immagini selezionate per le loro tonalità. Vi sconsiglio caldamente di usare dei caratteri colorati per il vostro testo in quanto sembrano poco professionali (ma potrebbero essere adatti a una classe delle elementari, per esempio).

Il cartoncino usato per delle brochure, dei biglietti da visita con cui presentarsi o dei volantini può avere una colorazione adatta allo scopo.

Se possiamo decidere che tipo di luci

proiettare, per esempio in caso di una presentazione o di uno spettacolo, ricordiamoci che i colori descritti possono aiutarci nel suscitare delle emozioni precise e che la loro intensità ha un valore specifico. Dicevamo che non sarebbe possibile vestirsi in modo cromaticamente coerente con il contenuto del nostro discorso o che per lo meno, sarebbe molto difficile non attirare di più l'attenzione su un capo d'abbigliamento sgargiante anziché sulle nostre parole. Quello che si può fare, invece, è avere a disposizione un accessorio, un oggetto anche piccolo, ma che riporta quel colore di cui abbiamo bisogno. Ciò può non essere notato magari dal nostro interlocutore, ma può servire a noi come ancoraggio.

Piccolo compendio non verbale e para verbale per la comunicazione sui social media

A ben pensarci, quasi simultaneamente all'introduzione degli SMS e della messaggistica elettronica, si è reso necessario affiancare delle forme semantiche nuove come emoticon, gif, meme e altro contenuto non verbale con cui esplicare il contenuto emotivo inviato o percepito insieme al corpo del testo vero e proprio, quando quest'ultimo non viene totalmente soppiantato dalla comunicazione esclusivamente visiva e non letteraria.

Gli elementi para verbali e non verbali che usiamo di persona sono un po' come le emoticon delle chat: forniscono contesto emotivo e caratterizzano delle parole che altrimenti non avrebbero un dato senso. Per esempio, una faccina sorridente a fianco a un'affermazione o a una negazione mostrerebbe il nostro essere d'accordo con quella dichiarazione, una con la "bocca all'ingiù" comunicherebbe invece disaccordo. La punteggiatura può essere usata allo stesso modo: se io usassi i tre puntini di sospensione a fine di una risposta monosillabica, potrei stare esprimendo disappunto o perplessità su quanto scritto prima. Un punto fermo dopo una risposta secca e sbrigativa può inviare un senso di freddezza e distacco.

Strumenti non verbali per la persuasione: "a me gli occhi!"

Come dicevamo prima, parlando dei gesti, quello dello sguardo dovrebbe essere un punto a cui prestare particolare attenzione, non solo per quanto riguarda quello che esprime il nostro, ma anche per quello del nostro interlocutore. Il modo di muovere gli occhi, infatti, rivela più di quanto uno vorrebbe.

Abituati a valutare secondo questo schema facilmente memorizzabile. Ricorda che devi valutare secondo il punto di vista dell'interlocutore, perciò quando diciamo, per esempio, a destra, intendiamo la destra della persona che abbiamo di fronte (la nostra sinistra). Questo tipo di percezione ci è molto utile per monitorare l'andamento di una trattazione, la convinzione dell'interlocutore a proposito di quello che sta dicendo, la reale portata del suo interesse su un dato argomento, dandoci modo di deviare la nostra comunicazione e di persuadere in maniera efficace a seconda degli stimoli positivi o negativi che rileviamo.

Generalmente, per motivi legati alla divisione dei due emisferi cerebrali e di risposta neuronale, la direzione degli occhi indica a destra un lavoro di creazione, spesso per produrre l'immagine di ciò che si desidera far accadere, a sinistra invece l'impegno a ripescare dei ricordi e riportare i fatti così per come sono andati.

In generale, puoi immaginare un quadrante con le seguenti sei direzioni.

- Guardare in basso a destra vuol dire immaginare una sensazione cinestetica nuova, inventandola magari sul momento.
- Guardare a destra di lato può significare

l'invenzione di uno stimolo sonoro, figurando magari un discorso, un rumore o una musica.

- Guardare a destra in alto è indice di un'immaginazione all'opera per creare uno stimolo visivo, dipingendo letteralmente nella mente dell'interlocutore un "quadro" di una situazione ipotetica o mai esistita.

- Indirizzare lo sguardo verso sinistra in basso significa riflessione, con la ricerca di un dialogo interiore composto da domande, progetti e dubbi.

- Portare lo sguardo a sinistra di lato indica la rievocazione interna di un suono e la sua descrizione, come la voce di qualcuno che si conosce bene.

- Chi guarda verso sinistra in alto sta ricordando un'immagine, tentando di coglierne i dettagli.

Possiamo aggiungere altre indicazioni di percezione spaziale dello sguardo, come lo sguardo verso l'alto che tradisce impazienza; quello verso il basso che indica disagio o riflessione, specialmente se si guardano mani e/o piedi; vivo interesse se ci si porge in avanti con una punta di aggressività, quando si entra "troppo" nel campo visivo altrui, costringendolo a essere guardati negli occhi ed evitare che la sua attenzione "sfugga"; mentre può essere un segnale di potere e rilassamento portare la testa indietro "esponendo" le parti molli come l'addome e mantenendo il contatto visivo. Chi evita furtivamente lo sguardo della persona con cui sta parlando spesso cerca delle vie di fuga o altri punti di interesse: se non si riesce a riportare la sua attenzione verso quel discorso, sarà bene capire come sottolineare l'importanza di ciò che si sta dicendo o cambiare argomento per poi tornare in maniera più concisa e semplice quando si sarà entrambi meglio disposti.

Strumenti para verbali per la persuasione: il respiro, il tono della voce e la lunghezza delle frasi

A volte quando sento una voce strozzata di qualcuno che accelera mentre prova a convincermi di qualcosa, mi rendo conto di un fatto e solitamente ho ragione: la persona ha delle difficoltà a ritenere sensato quello che sta dicendo o si sente quasi un impostore.
Il respiro gioca un ruolo fondamentale nell'espressione dei vocaboli tramite il nostro apparato fonetico. Nota come, quando tocchiamo un tasto dolente o un argomento tabù, molti esprimano il proprio disagio

trattenendo il fiato (talvolta deglutendo vistosamente), e come invece alcuni dimostrino il proprio disappunto espirando rumorosamente, sibilando con le narici o sbuffando con la bocca, a seconda di quanto siano impazienti. L'eccitazione sensoriale porta a ventilare fortemente e respirare con forza, mentre il respiro profondo e continuo è tipico della rilassatezza di chi si trova a proprio agio con ciò che viene detto.

Il tono, di conseguenza, è influenzato dal modo in cui portiamo ossigeno ai nostri polmoni e da come apriamo e chiudiamo le vie respiratorie superiori. Quando abbiamo un raffreddore, per esempio, non ci sentiamo in grado di comunicare correttamente perché siamo coscienti del fatto che la nostra performance comunicativa è influenzata a sua volta dal nostro respiro affannoso.

In generale, più un tono è acuto e stridulo più si vuole portare disperatamente l'attenzione verso la propria voce, come fa la madre che richiama all'ordine i bambini, la maestra con la scolaresca indisciplinata, la vittima di un sopruso in corso; mentre un tono basso, continuo e non troppo forte veicola sicurezza di sé, padronanza delle emozioni, stabilità e tranquillità.

È difficile mantenere alta l'attenzione del pubblico se si usano frasi molto complesse, con subordinate concatenate tra loro in sequenza, elenchi troppo lunghi e in generale con tutte quelle frasi che costano uno sforzo di respiro.

Come dicevano gli autori classici che abbiamo già analizzato prima, la retorica e la poetica si incontrano anche nell'uso di artifici linguistici che permettano alle parole di scorrere con ritmo, e per farlo possiamo identificare il modus operandi di chi lavora, per esempio, nel campo della musica. Generalmente si compongono frasi con una simmetria che va dalle sette alle quattordici sillabe, mentre spesso per presentare la propria idea a un produttore si consiglia di condensare il proprio lavoro a una descrizione di massimo quattordici parole.

Prova a esercitarti in questo *labor limae* raffinato, tagliando il più possibile gli elementi di contorno del tuo discorso, del tuo racconto o della tua idea, e portando l'attenzione su quello che è davvero importante, con il minor numero di parole possibile.

Strumenti non verbali e para verbali per la persuasione: "copying"

Così come abbiamo visto che è importante riprendere i tipi sensoriali e farli nostri per comunicare in modo da fare breccia nella diffidenza altrui, in modo altrettanto proficuo possiamo rendere visibile la nostra partecipazione al discorso in maniera fisica.

Abbiamo analizzato prima i vari tipi di fisicità e di postura che sottolineano il grado di affinità o divergenza con l'oggetto di discussione, ma vediamo ora come fare in modo che anche questo meccanismo diventi volontario e utile al nostro obbiettivo: la persuasione.

Nella comunicazione non verbale si danno indizi sul proprio stato d'animo in maniera involontaria, ma, una volta raccolti, noi possiamo volontariamente "copiare" la postura dell'interlocutore al fine di riprodurre una sorta di specchio.

Anche in questo caso, si è notato che le persone sono più inclini a venire incontro alle persone con cui si sentono in sintonia. Attenzione, non fate il verso a tic, gesti che tradiscono nervosismo o comandi. Siate attenti anzitutto verso la disposizione dei quattro arti, della schiena e della testa. Riportate fedelmente le angolazioni di queste sei parti cercando di abitare comodamente il vostro corpo con l'intenzione di fare sì da specchio, ma più morbido, più aperto e pronto alla comunicazione. Potete variare la postura di un interlocutore che, con le dita strette sul tavolo e le gambe incrociate, vi "offre" la spalla sinistra mettendosi di tre quarti guardandovi principalmente con l'occhio sinistro. Ribaltate la posizione in modo da bilanciare con la parte destra, poggiare le mani e, anziché tenerle ferme immobili con le dita intrecciate, aprite con un gesto rilassato e di invito al dialogo mentre tocca a voi parlare. Evitate di toccarvi il viso, soprattutto il naso o l'orecchio, se doveste sentirvi agitati o nervosi, ma respirate e sorridete anche di fronte alle domande impreviste, in modo da avere un secondo di vantaggio per riorganizzare i pensieri e rispondere con calma. Siate onesti e in caso vi sfugga un dettaglio proponete di ridiscutere con i dati dell'argomento a portata di mano.

PARTE III

Abbiamo già visto diversi esercizi e consigli pratici su come aumentare la nostra persuasività, adesso è il momento di concentrarci sul campo di prova per eccellenza: parlare con gli altri. Osserviamo dei conversatori professionisti, come uomini d'affari e politici, e troviamo le lezioni che completeranno il nostro percorso.

Meccanismi narrativi persuasivi

Ti sarà sicuramente capitato di vedere su internet un "discorso motivazionale". Sui social, specialmente su YouTube, tale categoria è molto ampia, con video che riprendono discorsi di alcune delle grandi menti dei nostri tempi e, in generale, di persone universalmente riconosciute per il successo ottenuto tramite i propri sforzi.

Abbiamo enfatizzato più volte nel libro che, come diceva Quintiliano, è necessaria una partecipazione emotiva personale alla propria orazione, al fine di renderla interessante e veritiera. È anche il caso dei commoventi discorsi che ti invito a cercare, come quello di Arnold Schwarzenegger tenutosi nel 2018. Il campione di body building, attore iconico ed ex governatore della California, racconta spesso dei metodi da lui usati per raggiungere il suo successo. Una volta visto il video, come spesso accade per questo genere di comunicazione, ci si sente fortemente emotivi e si ha la sensazione che qualcosa sia cambiato. L'obbiettivo dell'oratore è stato raggiunto.

Però sarebbe ben poca cosa, per noi che ci accingiamo a scoprire i segreti della comunicazione persuasiva, emozionarci e farci ispirare senza cogliere lo strumento usato e usarlo a nostra volta per avere successo nella nostra vita.

Arnold Schwarzenegger, lo scrittore Neil Gaiman, il campione dell'NBA Michael Jordan, l'inventore Steve Jobs... tutti sono accumunati da un filo comune. Ti propongo di chiudere il testo, prenderti un minuto e pensare a cosa sia il loro minimo comune denominatore. Se non l'hai già identificato, ti svelo il loro trucco.

Partono spesso dalla loro condizione svantaggiata degli inizi, dai loro fallimenti, dalle difficoltà che hanno trovato sul loro cammino fino a diventare le persone riconosciute per la loro grandezza.

Rendono il loro discorso verosimile, credibile,

personale e interessante affinchè chiunque stia ancora cercando la propria strada si possa riconoscere nei sentimenti di incertezza e difficoltà proposti, e chiunque abbia raggiunto le proprie vette nel suo settore vi si ritrovi con nostalgia.

Ecco quindi svelato il primo meccanismo narrativo efficace che puoi usare quando vuoi persuadere qualcuno:

**usa una storia personale, sia come metafora
che come esempio.**

A questo punto è doverosa una precisazione: è bene riportare solo storie vere e non inventate, perché le bugie hanno le gambe corte e non c'è potere più grande della verità quando si deve persuadere qualcuno. Questo non è un manuale su come mentire, l'abbiamo detto tante volte, lo so, ma è bene ricordarsi che solo quando si è intimamente convinti di quello che si dice si è davvero convincenti. Ciò non riguarda solo le due categorie "vero" o "falso", ma inficia anche tutte le occasioni in cui non siamo perfettamente sicuri di un'affermazione perché abbiamo solo una visione parziale dell'oggetto di discussione. La mia sicurezza sulla validità di una mia proposta può vacillare per vari motivi, e io posso solo contribuire con la mia onesta visione personale, supportata, quando possibile, da dati che confermino la qualità delle mie affermazioni in merito.

Chiediti sempre quali sono i dubbi che puoi avere sull'argomento che si sta discutendo e quali tu stesso hai superato con successo, a beneficio dell'interlocutore che potrebbe farti delle domande a riguardo.

Avere le idee chiare è indispensabile per una comunicazione persuasiva.

Purtroppo, però, non sempre si hanno tutte le chiavi di lettura di una situazione o le informazioni necessarie. Anziché arrampicarti sugli specchi, cosa che rischia di ritorcersi contro di te, puoi schierarti dalla parte dell'interlocutore con affermazioni propositive quali:

"Non conosco questo dettaglio, ma mi impegnerò a trovare una risposta e lo scopriremo assieme; mi informo subito e sarai la prima persona a sapere quello che è necessario! Ci sono altre cose che non ti sono chiare?"

Essere complici di una scoperta, far procedere insieme la conoscenza reciproca è un ottimo modo di interagire quando non si è sicuri di avere tutte le risposte in campo.

Focus del discorso

A volte è necessario segnarsi il motivo di un incontro.

Quante volte avete iniziato a parlare di qualcosa che vi stava a cuore ma la persona di fronte a voi ha risposto con qualcosa di rilevante dal suo punto di vista e siete finiti per parlare di tutt'altro? Non è insolito che, a questo punto, si rischi di litigare perché, semplicemente, i due punti di vista sono concentrati su oggetti del tutto diversi, magari diametralmente opposti.

Talvolta, in discussioni banalissime, il focus viene piegato e distorto per tornare su delle dinamiche relazionali in cui una delle due parti vuole reiterare la sua posizione: un capo che vuole imporre la sua figura dominante tenderà a bocciare la proposta del sottoposto (che un giorno potrebbe sostituirlo), ma ad approvare la stessa idea se proveniente da un subordinato da cui non si sente minacciato. In quest'ultimo esempio, il focus viene praticamente annullato per essere scalzato da una (pessima) condotta di dialogo.

Una discussione sull'importanza di una dieta sana, proposta da Interlocutore A, può avere il suo focus specifico, con macro argomenti che vanno dal tipo di dieta all'esercizio fisico con cui accompagnare lo sforzo in palestra, fino agli approfondimenti che scendono nel minimo dettaglio, come le questioni di cornice su eventuali intolleranze o sulla conta delle calorie... ma se qualcuno, mettiamo l'Interlocutore B, portasse come focus l'importanza di un parcheggio sicuro e facile da trovare, sottolineando il costo dei parcheggi in centro città, il traffico dell'ora di punta e le difficoltà negli spostamenti, sarà impossibile mettersi d'accordo.

Stiamo parlando, ovviamente, di una discussione in cui le due parti sono divise tra la proposta di andare in un ristorante che propone menu dietetici e la poca comodità rappresentata da tale prospettiva.

Fate attenzione, perché in questo esempio (banalissimo) è nascosta un'insidia molto comune: Interlocutore B potrebbe non essere davvero così preoccupato per il parcheggio. In linea di massima, a Interlocutore B non importa nulla né della dieta, né del ristorante proposto da Interlocutore A. Quello che Interlocutore B potrebbe star nascondendo[5] è la sua impossibilità a seguire la decisione di Interlocutore A, la difficoltà economica di spendere soldi per un pranzo in quel momento, le preferenze di gusto per cui vorrebbe fare

---

[5] Ma c'è anche il caso che Interlocutore B sia davvero ansioso per la macchina, le relative spese, il traffico e il parcheggio e che guidare gli procuri molto stress. In tal caso, la dieta per lui non ha una priorità che superi la sua necessità di sicurezza sulla questione "automobile".

altro. Per non destare questi sospetti, Interlocutore B sposta (in maniera più o meno consapevole e indiretta) il focus anziché dire chiaramente "non voglio venire a pranzare in quel posto".

Siate coscienti del fatto che qualcosa che vi sta particolarmente a cuore potrebbe non essere altrettanto importante per gli altri, e va benissimo così, non si deve condividere ogni interesse con i nostri cari. Imparate a proporre positivamente, se intuite che l'altro sposta il focus sull'argomento siate delicati e discreti e, per esempio, mettendovi nei panni di Interlocutore A, proponetevi di guidare voi e usare la vostra macchina e/o di offrire voi il pranzo… dopotutto, è a voi che interessa fare quell'esperienza.

Il rischio, in caso di perdita del focus, è di avere un inutile conflitto con la persona con cui state parlando quando basterebbe capire:

a) Come rimanere "concentrati" lì dove abbiamo bisogno: l'interlocutore non è per forza "non collaborativo" ma ha la sua vita, le sue esigenze e le sue priorità. Ciò detto, si può fare in modo che l'esperienza proposta, sia essa una vendita, una manovra dell'azienda, una vacanza o la situazione del ristorante di cui sopra, sia vista come vantaggiosa per noi (negarlo sarebbe ipocrita) ma anche per gli altri, con un sistema "win-win" dove vincono tutti.

b) Come vincere un'eventuale resistenza proponendo l'oggetto del focus in modo "non minaccioso" per l'interlocutore che tentenna. Abbiamo visto prima che tale resistenza può essere superata incentivando la proposta con elementi di incoraggiamento in cui è però necessario agire delicatamente.

c) Quando è necessario "arrendersi": l'interlocutore non è collaborativo e il focus non gli è interessa o ne è così poco informato che sarebbe una perdita di tempo insistere; provare a convincere qualcuno della bontà di un prodotto a base di arachidi, per esempio, sarebbe impossibile se la persona detesta con ogni fibra del suo palato le noccioline o se ne è allergico.

Chiarirsi le idee nel discorso formale e in quello informale

Non si può lasciare la comunicazione completamente al caso. Alle occasioni più importanti, come un esame, un concorso o un colloquio, andremo solo dopo esserci preparati a dovere; in caso di una riunione a lavoro, avremo bisogno di sapere con certezza cosa dire e come affrontare il discorso.

L'atto di programmare una conversazione è universalmente riconosciuto come necessario in campo professionale ed educativo, mentre tale gesto è visto come sleale, immorale e negativo in campo relazionale perché mancherebbe di spontaneità. La differenza, per la nostra cultura, è netta: le persone che si trovano nel cerchio degli affetti sono quelle a cui parlare "di cuore". Il problema è che spesso, quando si vuole parlare di getto di qualcosa, soprattutto se ci teniamo molto, rischiamo di usare dei termini in modo improprio, di fare confusione tra le affermazioni, di equivocare delle risposte... Non sto dicendo che si debba programmare ogni singola frase da dire in famiglia o quando si esce in compagnia di amici, ma piuttosto che è necessario avere una totale chiarezza di intenti e di preferenze e che si debba poterla esprimere proprio con le persone con cui siamo in confidenza. La diplomazia serve non solo nella vita professionale, ma anche nella comunicazione informale là dove abbiamo difficoltà e dove sentiamo che le nostre necessità non vengono considerate.

In realtà programmare il proprio intervento (o per lo meno, essere consapevoli che si debba conversare in maniera propositiva) eviterà di litigare inutilmente o di entrare generalmente in conflitto quando si riuscirà a spiegare in pochi termini quello che vogliamo.

Il focus attivo in tre parti

Si può creare artificialmente interesse nel proprio discorso ponendolo non come una dissertazione su ciò che è bene e su come sarebbe bello fare ciò che proponiamo, quanto piuttosto prendendo spunto dai grandi venditori nella maniera riportata dal personaggio interpretato da Leonardo di Caprio in "Wolf of Wall Street". "Vendimi questa penna" "Ok, mi fai una firma? Eccoti una penna". Il meccanismo può essere davvero così semplice. Una volta scoperta la necessità del nostro interlocutore, possiamo attirare la sua attenzione come segue.

- Creare il bisogno
- Dare una soluzione
- Farsi dare fiducia

Per creare il bisogno, certe volte, basta semplicemente indicare che un problema quotidiana può essere risolta facilmente e, per fare *captatio benevolentiae* a nostro vantaggio, suggerire la nostra soluzione, rendendola facilmente digeribile e assimilabile nella vita del nostro interlocutore. Avergli fornito una soluzione con un consiglio utile accrescerà la fiducia nei suoi confronti perché abbiamo mostrato interesse nell'aiutarlo e perché abbiamo creato una forma di piacere. Ascoltare una soluzione che risolva un problema in modo rapido ci può far sembrare complici e interessati agli occhi degli altri, perciò faremmo bene a prenderci carico della fiducia accordataci e non tradirla come nel film citato qui sopra!

Vediamo ora di fare un esempio pratico. Vogliamo migliorare l'ambiente di lavoro e abbiamo notato che il nuovo arrivato fatica a integrarsi. Qualcuno potrebbe proporre di portare la conoscenza a livello personale e invitarlo a condividere qualcosa della vita extra lavorativa, ma ciò potrebbe essere impossibile o sbagliato a seconda della professione, per non dire del rischio di sembrare invadenti o di essere fraintesi.

Può essere utile portare l'attenzione verso un certo focus, per esempio, interagendo in maniera quasi neutra ma amichevole, indicando una difficoltà generale di quel lavoro e proponendo di usare uno strumento che possiamo fornire spontaneamente; successivamente, possiamo incassare la fiducia della persona coinvolta. Può essere un software utile alla gestione di certi file, può essere un consiglio sulla comunicazione (e in questo libro puoi avere l'imbarazzo della scelta su cosa consigliare) o un oggetto materiale da maneggiare per aiutare in alcuni compiti. Tale meccanismo può essere reiterato con un datore di lavoro, come aggancio per fidelizzare un cliente, ma anche per rinsaldare un rapporto personale.

Essere a disposizione degli altri genera piacere, saranno più disposti a vedere il nostro punto di vista in quanto avremo creato un precedente.

Prendete nota

Prendete nota delle parole più usate dal vostro interlocutore.

Questo è un consiglio pratico che mira a identificare l'idioletto verbale, ma anche a capire quali sono alcune inclinazioni psicologiche utili nell'interazione, soprattutto in previsione di successivi incontri.

Ovviamente non sempre possiamo utilizzare carta e penna o aprire un documento di testo sul computer per annotare quello che ci viene detto; in caso di una riunione o di un meeting con un cliente, possiamo avvalerci di supporti di scrittura, ma nella vita quotidiana dobbiamo impegnarci a "fare orecchio" e allenarci ad un ascolto attivo e compartecipato. Abbiamo già visto che è possibile isolare dei tipi di verbi

per poter identificare alcune caratteristiche personali, altrettanto possiamo fare con le reiterazioni, più o meno, consapevoli del nostro interlocutore.
Da un elenco di particolarità nelle scelte del vocabolario altrui possiamo desumere:

- Il grado di capacità comunicativa, cioè quanto è ricco il suo vocabolario, quante volte invece fa delle ripetizioni, se usa in modo appropriato determinate espressioni o se non ha difficoltà a farsi capire in modo sintetico;
- Il grado di istruzione effettiva, ovvero quanto questi ha colto dalla sua istruzione o se invece è inferiore o superiore a quanto ci si aspetti;
- Le peculiarità regionali o provinciali che ci comunicano eventuali preferenze linguistiche e semantiche;
- Il tipo sensoriale (cinestetico, uditivo o visivo);
- Se è un tipo più logico (nomina spesso numeri, statistiche, percentuali, operazioni matematiche) o se invece ha più slanci poetici (usa metafore, un linguaggio forbito e un registro aulico);
- Il calore che esprime, se cioè è espansivo o riservato, se tende a dare confidenza o prende le distanze.

Chi ha delle passioni probabilmente infilerà nel discorso una metafora o un aneddoto personale che richiami il suo hobby: un appassionato di boxe, per esempio, parlerà di come "stare in guardia" contro un qualche imprevisto.

Più che "spiare" le intenzioni altrui, ti consiglio di provare una sana e genuina curiosità verso il modo di pensare degli altri e scoprire come questo differisca dal tuo, ma soprattutto quali punti in comune e quali ispirazioni puoi trarre per migliorare la tua comunicazione dentro e fuori quell'interazione precisa con quella persona.

Prendete l'iniziativa

Abbiamo detto che bisogna mantenere il focus, usare strumenti per mantenere viva l'attenzione, concentrarsi sull'obbiettivo.

Ora vediamo di prendere in esame la possibilità di dover interagire da zero con qualcuno che vogliamo coinvolgere in una conversazione.

Prima di fare pratica con gli sconosciuti, sarà bene pensare a come predisporre un approccio "da zero".

Prendiamo in considerazione un incontro programmato. Le prime battute sono di solito cruciali per poter avviare un discorso sensato:

è la famigerata "prima impressione" e non possiamo non cogliere l'occasione di creare un buon incipit.

Dopo le presentazioni o le strette di mano, ogni bravo oratore si sincera della buona disposizione d'animo e di corpo della persona con cui parlare. Le "small talk" possono essere pregne di indizi utili, per cui se qualcuno, magari in imbarazzo, ci fa notare "che freddo!" o "quanto piove" possiamo iniziare a dare un terreno comune di interazione. "È vero, ho dovuto mettere questa giacca" potresti dire, per poi parlare di un aneddoto divertente relativo a quell'indumento, o quel freddo tipico della zona di cui sono originari i tuoi genitori, o di quella volta… e dare una piccola storia curiosa che possa aprire alla curiosità nei tuoi confronti.

Sono le storie che connettono le persone.

E iniziare con una storia può essere un ottimo modo di rompere il ghiaccio.

Anche trovare una somiglianza con qualcuno che si conosce può essere un modo di avvicinare i due mondi personali di due persone che non si conoscono, o trovare un dettaglio familiare nel vestiario altrui, cercando di non sembrare invadenti o irrispettosi.

Prova a leggere i segnali non verbali della

persona di fronte a te come insegnato nella seconda parte di questo libro e aggiungi annotazioni sulle sue preferenze circa i colori indossati, magari sono stati scelti in maniera non casuale, e vedi se questi segnali possono condizionare il tuo approccio.

Tempistiche e gradi di separazione del discorso e focus

Abbiamo iniziato un discorso, ci siamo fatti prendere la mano e da un dettaglio importante che avevamo a cuore rischiamo di perdere il ritmo e finire per parlare di attività secondarie anziché di ciò che ci serve. Attenzione, perché se tante volte in questo testo ti ho esortato a essere sintetico, a calibrare le frasi cardine in modo stringato e diretto, a desumere il cuore di una intera materia in una breve dichiarazione, è soprattutto perché **l'attenzione** umana ha un limite, solitamente con un picco che va dai **venti ai trenta minuti**.
Programma la chiacchierata informale ma con la quale introdurre un argomento a cui tieni o il meeting aziendale in modo da avere **un'ora** a disposizione, con dieci minuti di riscaldamento, venti o trenta minuti di concentrazione pura e poi gli ultimi dettagli per salutarsi di comune accordo con l'impegno di ritrovarsi.

Si può pilotare parte del discorso affinché l'attenzione torni su quello che vi preme discutere ed esaminare col vostro interlocutore o pubblico. Abbiamo diverse strategie da poter usare.

Il "chunking" è una tecnica che consente di prendere un dettaglio del discorso e portarlo per gradi di separazione in un'altra direzione. Allenati a trovare gli elementi e le parole comuni tra due diverse aree tematiche in modo da indirizzare dove ti è necessario il focus dell'interlocutore. Per esempio, vi state perdendo in una chiacchierata originariamente organizzata per discutere di un trasloco, ma vi state dilungando sui dettagli della cena. Il vostro amico ha voglia di pensare a mangiare, ma a voi serve una risposta su quell'incombenza. Provate a trovare il modo di parlare in sequenza breve di: cibo – cucina – mobili – trasloco. "Guarda, dopo anche io mi mangerò un chilo di patatine fritte. Nella cucina della casa nuova ho già pensato a dove mettere la friggitrice per non creare odori in casa. A proposito, sabato ce la fai a venire per le dieci con la macchina?"

In poche righe abbiamo allargato il discorso "cibo" a un concetto talmente più ampio da poter includere quello che ci era necessario ("chunking up"). Si può fare anche l'esatto contrario, ad esempio partendo da un dettaglio e finendo per parlare del quadro generale

("chunking down").
Un altro modo per di inserire analogie, che si prestano a diversi usi interpretativi da veicolare in una direzione precisa, è quello di usare i sensi. Si può far riferimento a cose come "L'odore di…" "Il colore come quello…" "Suona come…" "Un buon sapore…" e poi usare elementi metaforici o reali.

Mai abbandonarsi al lamento!

Ci sono diversi motivi per cui un leader o un oratore non dovrebbe mai lamentarsi.

Certo, la letteratura è satura di esempi che contraddicono quanto starei esprimendo in questo paragrafo, così come alcuni discorsi di natura politica, usano ampiamente la lamentela come meccanismo negativo che muove l'opinione in certe direzioni.

Il problema è che, se non abbiamo intenzione di avvelenare volontariamente il dibattito o di portare sull'orlo di una guerra una nazione, non abbiamo nessun motivo per usare un lamento costante (come faceva Catone col suo "Cartago delenda est", "Cartagine deve essere distrutta").

Chi si lamenta può essere riconosciuto come debole, e così saranno percepite anche le sue argomentazioni.

Ci sono addirittura studi di neuroscienza che sottolineano come il suono del pianto, del lamento continuo ma anche di un contenuto negativo abbiano una cattiva influenza sul nostro cervello, "annichilendo" alcune risorse interne alla mente e costringendo i percorsi neurali in centri più piccoli e meno comunicativi, inducendo quindi uno stato di agitazione, ansia e pessimismo caratterizzato da pensieri ossessivi e perdita di fiducia. Secondo alcuni (ma per ora è solo una teoria) tale "bug di sistema" del cervello serve ai neonati affinché salvaguardi il piccolo ancora indifeso e non autosufficiente.

Quando spiego questo fatto alle persone, soprattutto quando mi chiedono come migliorare la propria comunicazione, alcuni si stupiscono e sembra quasi si sentano colpevolizzati.

"E cosa dovrei fare, stare sempre zitto?" se l'alternativa è lamentarsi, è sempre preferibile stare in silenzio, perché gli effetti negativi sopra esposti riguardano anche chi si lamenta e non solo chi ascolta. Purtroppo, molte persone non sono capaci di prendersi la responsabilità di una cattiva condotta comunicativa e pensano che il lamento sia un sacrosanto diritto, ma non accettano di perdere l'interesse dell'audience. Stando a quello che dicevamo prima a proposito dei meccanismi narrativi in cui personaggi famosi spiegano le loro difficoltà, c'è da capire che nei loro discorsi tali oratori non si stanno "lamentando", al contrario: cercano un elemento emotivo comune e subito dopo arrivano a dare "le buone notizie", e cioè che dalla condizione che ci induce dolore possiamo uscire, e ne usciremo ancora meglio se non vi dedichiamo attenzioni negative come quelle di chi piange su sé stesso anziché trovare soluzioni.

Jack Ma, il famoso fondatore di Alibaba, ha spiegato che uno dei motivi del suo successo personale è stata l'osservazione attiva di grandi imprenditori presso cui ha studiato e lavorato, e ha notato che nessuno di questi si lamentava ma cercava, invece, una soluzione immediata. Inoltre, assicura il miliardario cinese, non si deve costruire un'azienda, ma una piattaforma che metta in comunicazione le persone in modo da soddisfarle laddove queste trovino motivi per cui lamentarsi. Se un intero gruppo si lamenta di qualcosa, ci dà l'opportunità di cogliere un'occasione per creare soddisfazione.

Facciamo quindi una distinzione tra la lamentela vista come opportunità di crescita e la lamentela fine a sé stessa, da abbandonare o da costringere a cambiare in "Cosa possiamo fare? Che alternative abbiamo? Cosa proponi?"

La moneta dell'interazione: tempo e fiducia

Come rilassare un interlocutore diffidente? Lo dicevamo nella prima parte di questo libro: ispirando fiducia. Questa è un'operazione che richiede pazienza, metodo e soprattutto calma. Attendete e fate in modo che la persona noti che stiamo spendendo del tempo per interagire con lei.

Come diceva Sean Penn in "This must be the place", **dare tempo lusinga le persone**, ma ciò non è valido solo per i corteggiamenti: sentirsi valutati crea sempre un canale preferenziale. Impariamo perciò anche che, quando diamo tempo, stiamo usando uno strumento oggettivo per poter sondare anche i nostri interlocutori. Per motivi legati all'educazione, una persona potrebbe non voler dedicare a sua volta il proprio tempo se non è interessata. Restando in campo sentimentale, il rifiuto è più sottile di quanto certe volte si creda, la persona infatuata di un'altra "nega" a sé stessa di aver visto questo primissimo segnale d'allarme, oppure non lo nota, con la conseguenza di aspettare, a scadenze più o meno regolari, che si palesi l'opportunità di incontrarsi, mentre l'altra accampa scuse sempre meno sentite.

Se avete avuto modo di offrire il vostro tempo e di mettervi a disposizione dell'altro, non ve la prendete se tale proposta (utile ad approfondire la conoscenza della vostra persona, del vostro servizio o del vostro prodotto) non viene accettata e se non siete ricambiati, perché nessuno è "obbligato" a dare a sua volta la propria disponibilità: vi stanno solo dicendo, nella maniera più discreta possibile, che non c'è interesse.

Tornando alle storie di successo, si passa prima per un certo numero di insuccessi e questi sono quelli che vi porteranno a essere esperti e capaci di gestire le situazioni da far fiorire, in campo professionale come in quello relazionale.

CONCLUSIONI

Lezione di una cantastorie

La storia di Sherazade, la mitica cantastorie, ci insegna che quando teniamo veramente a un obbiettivo (come ad esempio restare vivi, per la protagonista de "Le mille e una notte") ci ingegniamo affinché anche le parole ci servano da strumento, ancor più che le nostre azioni. La vera abilità di questo personaggio letterario non stava nella fantasia (dote che si può sempre allenare alla stregua della comunicazione persuasiva, ti avviso) ma nella sua sensibilità ai temi più interessanti per le orecchie dei suoi ascoltatori e nella capacità di tenere alta l'attenzione con l'uso di meccanismi narrativi e artifici retorici giusti, tutte cose che ora sono anche in tuo possesso: basterà allenarli.

Infatti, in questo testo, hai trovato tanti spunti, esercizi, riflessioni, nozioni eccetera… ma la cosa più importante che puoi fare ora è capire come queste novità entreranno a far parte della tua vita.

Non è un'illusione e non è una "moda" che hai scovato online, hai davvero trovato il modo di migliorare la tua capacità di essere carismatico, intuitivo e persuasivo.

Quello che ti posso dire è che non si può essere persuasivi "una tantum", una volta e basta. Se hai fatto un'esperienza di comunicazione persuasiva spontanea, usa quella sensazione vivida come ancoraggio per ritrovarti nella stessa disposizione d'animo e ritrova la sicurezza con cui controllare il respiro, il corpo, la mente e la parola. Tuttavia, sarebbe uno sforzo enorme se fatto casualmente poche volte e soltanto in caso di necessità. Gli atleti, così come i membri delle forze dell'ordine e i soccorritori, si addestrano continuamente affinchè i gesti che gli servono in caso di necessità diventino una seconda natura, perciò ti ho dato degli esercizi da fare. Non essere più "passivo", usa attivamente la tua lingua madre e trova i significati nascosti della comunicazione para verbale e non verbale delle persone che ti circondano.

Informati, sii curioso di capire come altri strumenti comunicativi potrebbero aiutarti nel tuo percorso, leggi tutto quello che ti capita su comunicazione, linguaggio, psicologia… vedrai che non sarà tempo perso.

Come ultimo consiglio, voglio dirti di non prendere alla lettera ogni parola scritta in questo testo, ma di adattare e di improvvisare con quello che hai a disposizione.

Gioca con il linguaggio, osserva come parli, correggi l'idioletto che non ti piace e porta le tue parole là dove vuoi con convinzione e consapevolezza.

Soprattutto, credi in te stesso ogni giorno un po' di più: è lo strumento più potente per essere persuasivi.